# 产品至上

## 如何通过产品改变世界

［美］拉迪卡·达特 著
（Radhika Dutt）
田丽 译

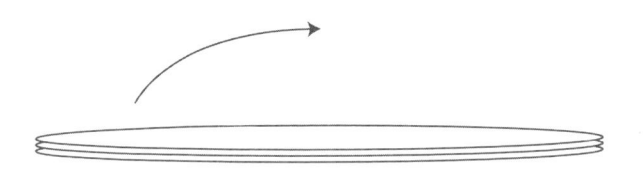

**RADICAL
PRODUCT THINKING**
The New Mindset for Innovating Smarter

中国科学技术出版社
·北 京·

Copyright © 2021 by R. Dutt
Copyright licensed by Berrett-Koehler Publishers arranged with Andrew Nurnberg Associates International Limited
北京市版权局著作权合同登记　图字：01-2024-0429。

**图书在版编目（CIP）数据**

产品至上：如何通过产品改变世界 /（美）拉迪卡·达特（Radhika Dutt）著；田丽译 . — 北京：中国科学技术出版社，2024.5

书名原文：Radical Product Thinking: The New Mindset for Innovating Smarter

ISBN 978-7-5236-0544-8

Ⅰ . ①产… Ⅱ . ①拉… ②田… Ⅲ . ①产品开发—研究 Ⅳ . ① F273.2

中国国家版本馆 CIP 数据核字（2024）第 044579 号

| 策划编辑 | 杜凡如　李　卫 | 责任编辑 | 孙倩倩 |
| --- | --- | --- | --- |
| 封面设计 | 仙境设计 | 版式设计 | 蚂蚁设计 |
| 责任校对 | 邓雪梅 | 责任印制 | 李晓霖 |

| 出　　版 | 中国科学技术出版社 |
| --- | --- |
| 发　　行 | 中国科学技术出版社有限公司发行部 |
| 地　　址 | 北京市海淀区中关村南大街 16 号 |
| 邮　　编 | 100081 |
| 发行电话 | 010-62173865 |
| 传　　真 | 010-62173081 |
| 网　　址 | http://www.cspbooks.com.cn |
| 开　　本 | 880mm×1230mm　1/32 |
| 字　　数 | 151 千字 |
| 印　　张 | 7 |
| 版　　次 | 2024 年 5 月第 1 版 |
| 印　　次 | 2024 年 5 月第 1 次印刷 |
| 印　　刷 | 大厂回族自治县彩虹印刷有限公司 |
| 书　　号 | ISBN 978-7-5236-0544-8 / F・1221 |
| 定　　价 | 68.00 元 |

（凡购买本社图书，如有缺页、倒页、脱页者，本社发行部负责调换）

CONTENTS ▶▶ 目 录

引言
创建变革性产品的可复制思维模式　001

## PART 1
第一部分
智慧的创新需要新思维

第 1 章
为什么我们需要激进式产品思维　017

第 2 章
产品疾病——当优质的产品开始变糟糕　034

## PART 2
第二部分
激进式产品思维的五个要素

第 3 章
愿景——展望变化　051

第 4 章
产品策略——从"为什么"到"如何"　071

第 5 章
优先级——在"原力"中注入平衡　089

| 第 6 章 落地执行和评估标准 | 108 |
| 第 7 章 企业文化 | 128 |

# PART 3

**第三部分**
**让世界变成你所希望的样子**

| 第 8 章 成功未必会让世界变得更美好 | 151 |
| 第 9 章 希波克拉底产品誓言 | 167 |
| 第 10 章 结论：具有激进式产品思维的人正在改变世界 | 188 |

| 参考文献 | 201 |
| 致　　谢 | 215 |

# 创建变革性产品的可复制思维模式

引言 FOREWORD

一个多世纪以来，似乎只有少数具有远见卓识的人，比如亨利·福特、乔布斯、比尔·盖茨和理查德·布兰森才能够创造出改变世界的产品。这些商业领袖由于设立了宏伟的目标，并勇于实现而备受追捧——他们似乎在以愿景为导向制造产品方面天赋异禀。

很显然，这些商业领袖能够创造改变世界的产品，前提必定是有一个愿景——多数企业都会效仿，制定公司愿景。然而，一个想法从脑海中的概念到真正落地会遇到无法想象的困难，似乎只有少数企业和个人拥有制造出理想产品的法宝。

众所周知，虽然以愿景为导向对公司非常重要，但是公司仍然很容易陷入产品迭代的固有路径。如果你所在的公司曾经是以产品迭代为导向的，你会很容易理解公司正在"打补丁"，聚焦短期利益，并最终失去巨大的商业机会。最终的结果证明，要实现以愿景为导向，仅靠愿景本身是不够的，它还需要一种全新的思维方式。

我们以波音737MAX的研发为例，更好地帮助大家理解以愿景为导向和以产品迭代为导向的区别。2019年3月，波音737MAX在全世界范围内被停飞，原因是在短短五个月内，接连两架全新的波音 737MAX 失事，导致 346 人丧生。

1968 年，波音研发的 737 机型首次投入使用。此后，波音 737 机型经历了 40 多年的产品迭代，波音公司的技术工程师非常清楚这款机型已经接近其产品生命周期的尽头了。为了便于早期货物的装卸，波音 737 机型机身较低。而由于机翼下空间狭窄，这种设计现在限制了引擎的尺寸。到了 20 世纪 90 年代，波音公司不得不竭尽全力地为 737 机型设计改造，以适合更大的引擎——737 新世纪系列飞机（Next Generation series）不得不把引擎设计成鸡蛋形状，以配合其较低的机身。[1]

就这一点而言，波音公司本可以把目光放得更长远，努力设计一款全新的机型替代 737。但是在投入了超过几十亿美元的成本研发 787 梦想客机（Dreamliner）之后，波音公司在利益的诱惑下，仍然不想放弃 737 这棵"摇钱树"。自 20 世纪 70 年代以来，737 机型是波音公司最畅销的机型。因此，波音公司的管理层未及时满足市场上对新一代窄体客机的需求。

在 2010 年，波音公司的劲敌法国空客公司（Airbus）用 A320neo 机型填补了这一市场空白，新机型节油 20%。当波音公司最大的，也是最重要的客户美国航空公司（American Airlines）决定采购 A320neo，波音公司不得不快速做出反应。2011 年 8 月，波音公司决定制造 737MAX 迭代现有 737 系列产品。尽管工程师们对 737 机型再次进行产品升级左右为难，但这似乎可以使波音公司摆脱短期商业困境。这次产品迭代比从零开始设计新型飞机，节省大概一半的时间，成本也只需要

## 引言
### 创建变革性产品的可复制思维模式

其10%~15%。[2]

然而为737系列产品设计更大、动力更强劲的引擎绝非易事。波音737的低机身不得不让工程师们将引擎往前移。遗憾的是,这将会使飞机在飞行时非常不稳定——机头容易上仰,很容易让飞机失速。为了解决这个问题,波音公司设计了自动失速保护系统,叫作机动特性增强系统(maneuvering characteristics augmentation system, MCAS)。在探测到飞机有失速风险时,这个装置会让上仰的机头往下压。最终,机动特性增强系统在狮航(Lion Air)和埃航(Ethiopian Airlines)的空难中备受谴责,两起空难共导致346人丧生。

迫于市场压力,波音公司采取了以产品迭代为导向的方法研发产品。在开发737MAX时,波音公司努力实现局部利益最大化,这一方法会使短期利益最大化,避免在与劲敌法国空客公司的较量中失去大客户。但在这一过程中,波音公司失去了对核心业务的关注:制造安全、值得人们信赖的飞机。波音公司需要的恰恰是以愿景为导向的方法,投资研发全新机型,实现整体利益最大化,长期来说这是对波音公司、乘客和航空公司最有益的方法。

实现局部利益最大化,就像在棋盘上,你为了保住被围攻的几颗棋子,努力想出的最好一步棋。与此相反,实现整体利益最大化,意味着你在下棋时,纵览全局,长远考虑后判断出最优一步棋。这要求你有清晰的目标,且有实现目标的计划。

波音公司并不是真正意义上的以愿景为导向,虽然它高喊着美好未来的口号。公司愿景如果过于宽泛，比如"……成为某领域最好的公司……"或者是"……实现变革……"，它往往就是产品迭代为导向，以商业目的为驱动。波音公司在 2018 年年度报告中写到"我们的目的和使命是通过航空业创新，连接、保护、探索和激励世界。我们立志要成为航天航空业的佼佼者，永久的世界工业冠军"。[3] 如此笼统宽泛的公司目标就相当于有人准备开始一次自驾游，目的地是"向北出发，来一场最棒的自驾游"。

如果无法清晰地描绘长期目标，短期需求就会非常明显，并决定前进方向。由于关注短期利益，波音公司不仅花费数十年时间迭代 737 机型，还通过股票回购优化短期收益，从 2013 年到 2019 年第一季度，波音公司共花费 430 亿美元回购公司股票。[4] 相比较而言，从零开始建造 787 梦想客机，波音公司投入了 320 亿美元，历时 8 年时间。因此，类似"最棒的自驾游"的宽泛目标会导致人们目光短浅。

然而，虽然我们认识到要想打造成功的产品和公司，首先要有一个高远的理想，但是，多年来，我们已经习惯性地接受伴随这一理想的短期目标，甚至习以为常。研究表明，自 20 世纪 80 年代以来，企业总体来说更倾向于以短期目标为导向。[5] 随着计划周期的缩短，公司越来越多地寻求产生短期回报的投资机会——他们发现了局部利益最大化。

通用电气公司（GE）的愿景"在我们服务的每个市场上都成为第一或第二"，被奉为众多公司的典范。杰克·韦尔奇（Jack Welch）成为首席执行官后不久，发表了题为《在缓

## 引言
创建变革性产品的可复制思维模式

慢增长的经济中快速发展》的演讲。他在演讲中说:"通用电气公司将是拉动国内生产总值(GDP)的火车头,而不是火车尾。"在演讲中,他阐述了通用电气公司利润持续增长的计划,方法是修复或者出售没有成为市场第一或第二的业务。他的演讲对管理风格转向追求短期业绩产生了巨大的影响。[6]

在韦尔奇的领导下,通用电气公司的营业收入从1981年他接手时的250亿美元增长到2001年他退休时的1300亿美元。但不幸的是,这种惊人的业绩增长在很大程度上是由短期主义推动的。

一个季度紧接着一个季度,为了不断实现分析师的增长预期目标,韦尔奇经常利用子公司通用电气资本公司(GE Capital)的增长来弥补其他业务的业绩不足。

1991年,通用电气公司成为市值最高的公司——股票市场强烈地反映出通用电气公司的"自驾游"之旅进展顺利。[7] 截至2001年韦尔奇退休时,通用电气公司宣布连续101个季度实现业绩增长,其中通用电气资本公司为通用电气公司贡献了42%的利润。

韦尔奇的继任者杰弗里·伊梅尔特(Jeffrey Immelt)竭尽全力延续这一势头。在"9·11"事件之后的金融危机中,通用电气资本公司对整体赢利能力的贡献变得越来越重要。为了让通用电气资本公司继续发展,在2004年,随着房地产市场的繁荣,通用电气公司以5亿美元收购了WMC,这家公司看似是一家创新公司。实际上,WMC是第六大次级贷款机构,经营抵押贷款证券。

2007年，通用电气公司因次级抵押贷款危机损失了10亿美元，后来因其在金融危机中的所作所为，被美国司法部（Department of Justice, DOJ）要求支付15亿美元的罚款。次贷危机的余波在十多年后继续困扰着通用电气公司，直到通用电气公司与美国司法部达成和解，并出售了通用电气资本公司的大部分投资组合。

在每个市场都成为第一或第二的愿景，意味着通用电气公司进行了一场没有明确目标的自驾游。甚至市场也对通用电气公司的核心产品都感到困惑——在2005年，通用电气公司从制造业公司划归为金融服务业公司。这种以迭代为主导的方式，让我们所熟知的制造灯泡的公司向次级抵押贷款领域扩张。

在我们的组织中，以迭代为主导的方法意味着产品经常不能充分发挥其潜力。它们往往会变得庞大、分裂、失去方向，被错误的财务指标所驱动。

然而，偶尔也有以迭代为主导的公司会在追求局部利益最大化时，踏上通往财富成功之路，而每一个这样的成功故事都进一步强化这种商业模式。推特公司（Twitter）的诞生就是一个例子。

推特公司的前身是欧迪欧（Odeo），一家成立于2005年的播客公司。但那年秋天，当苹果公司（Apple）发布了内置播客平台iTunes时，很明显，欧迪欧公司的日子已经寥寥可数了。两位创始人决定向员工征求新的商业想法，欧迪欧公司的工程师杰克·多尔西（Jack Dorsey）分享了他的想法，即建立一个可以与群组分享实时状态的平台。推特作为一个微博客

## 引言
### 创建变革性产品的可复制思维模式

平台，是从这个想法迭代发展而来的，在用户中广受好评。推特是在欧迪欧因失败迫在眉睫而不得不追求局部利益最大化时产生的，并碰巧赚到了钱。

产品迭代带来商业成功的故事读起来很有趣，但是对每一个通过迭代而获得财务成功的产品来说，背后都有不计其数的失败从未得到媒体的关注。

我自己也曾陷入了产品迭代导向的误区。2000年，当我与合伙人创办第一家初创公司"说客7"（Lobby 7）时，美国经济正处于互联网泡沫的回升期。这家初创公司愿景是"变革无线连接技术"，于是我们开始为手机和掌上电脑（personal digital assistant）（还记得奔迈掌上计算机一类的产品吗？）构建无线应用程序，这些应用可以通过Wi-Fi连接。我们是一家服务型公司，所以可以挖掘许多垂直行业的需求，直到我们发现一个叫作"杀手"的应用程序。之后，我们转型为一家产品公司，专注于服务"杀手"应用程序。用今天的话说，我们的计划是不断迭代，直到找到一款适合市场的产品。

在为客户构建无线应用程序的过程中，我们意识到由于手机缺少实体键盘或触摸屏，给应用程序的使用带来不便。你必须用虚拟键盘缓慢地打出每个字母。作为一群聪明的技术专家，我们提出疑问："如果可以用语音和文本来与设备互动，会怎么样？"这在当时是一个很难解决的问题，因为设备没有足够的技术能力来进行语音识别。但我们克服了这些障碍，并将语音识别应用于手机上，作为我们的主要产品——早期版本的Siri。

**产品至上**
如何通过产品改变世界

像许多其他获得融资的初创公司一样,我们迭代不同的产品和商业模式,看看哪些行得通。最终,我们开发出了一项有趣的技术,但没能在经济衰退中生存下来——生产出的迭代产品消耗掉所有的资金,最终"说客7"公司因为这项技术而被收购了。

我并没有在这家公司上挣到钱,但从中我学到了无比珍贵的一课。

在另外两家同样是以迭代为导向的初创公司短暂工作之后,我于2003年进入爱维德科技(Avid Technology)公司的广播部门工作。在那里,我体验到了一种与以往完全不同的产品开发策略。

当时,爱维德科技公司在好莱坞电影制片厂中非常有名;几乎所有获得奥斯卡提名的电影都是由爱维德影视编辑软件(Avid Media Composer)编辑的。当时爱维德科技公司正试图打入索尼公司占主导的广播新闻市场。2003年的电视新闻仍然用磁带(大部分是索尼公司的)录制,在索尼编辑设备上编辑后,再对外播放。爱维德广播(Avid Broadcast)的负责人大卫·施莱弗(David Schleifer)提出大胆设想:用全数字化的新闻编辑室改变传统电视新闻制作。

在编辑一则新闻时,制作人员首先需要找到以往相关的新闻,然后剪辑相关的片段以添加新闻背景,并增强新闻的影响力。但是,要获得其他团队制作的录像带,找到想要的确切新闻片段并加以整合是非常困难的。当大多数竞争对手在用数字格式复制基于传统磁带的工作流程时,我们开始全力打造全

## 引言
创建变革性产品的可复制思维模式

数字产品组合,提供全新、易操作的工作流程。大卫·施莱弗认为,只要我们给出极具诱惑的报价,毫无疑问,广播公司就会放弃使用磁带。

我们开始逐步构建产品组合,大约每年都添加一个新软件产品:用于数据存储的爱维德整合器(Avid Unity),用于查找和分享视频的爱维德媒体管理器(Avid Media Manager),用于准备传播故事的爱维德广播管理器(Avid Airspeed)。我们的发展是稳健的,没有任何巨大的起伏波折。我们没有一遍遍地重复令人难忘的愿景口号,而是清晰地理解我们着手解决的问题,并被它所激励。

唯一的不足是,我们经常觉得爱维德科技公司对投资的魄力不够。为了弥补有限的技术条件,我们与客户合作——一些看到了全数字工作流程的价值,并愿意支付额外费用帮助我们添加额外功能的客户。我在爱维德科技公司的工作是与客户紧密合作,了解他们的工作流程需求,并明确产品组合与客户需求间的差距。在需要的地方,我们将创建额外的功能满足客户需求。实际上,客户成为我们的编外研发部门。

然而,没有一个清晰的愿景,这种策略很可能会误导我们添加一些仅满足某个客户的小众功能。如果为每个客户量身打造100%符合其需求的功能,我们能够增加销量而获得局部最大利益,但是这种方法背离了整体产品开发的初衷。最终,客户也同样无法受益,因为从长远来看,定制产品是不能长久的。于是,我们调整了策略,让客户接受全数字化工作流程,解决磁带的低效率,改变了传统电视新闻的制作方法。

仅仅5年时间，爱维德科技公司就主导了整个广播电视市场，美国、加拿大、英国的主流电视新闻机构都在使用爱维德科技公司的产品组合。大卫·施莱弗以愿景为主导的策略毫无疑问成功了。

有趣的是，公司策略的成功甚至会体现在我们的职场社交中。在爱维德科技公司，任何同事聚会或派对都会引发员工对产品和管理决策热烈而友好的讨论。多年后，当爱维德科技公司的老员工聚会时，我们仍然会热情地谈论这家公司。另外，在"说客7"公司，每当员工们聚在一起参加社交活动时，却很少谈论工作——在以产品迭代为导向的模式下，员工对目标没有共同且深刻的信念。

需要澄清的是，对迭代主导思想的批评并不是否定迭代的重要性。在过去的10年里，我们学会了通过市场测试我们的想法，更快地创新，及时发现客户的需求，通过客户反馈驱动产品迭代，进而完善产品——我们学会了利用迭代的力量。然而，直到现在，我们还没有一种具体、可行的方法，指导我们如何做到以愿景为主导。其结果是，迭代能力为"自驾游"提供了一辆飞驰的汽车，但我们设置目的地和导航到达目的地的能力却没有同步跟上。

如果你的愿景是"向北出发，来一次最棒的自驾游"，那么在反馈驱动的作用和迭代主导思想下，最终你可能会到达波士顿，也可能会到多伦多。采用一个由愿景驱动的方法意味着在愿景的驱动下，不断迭代行车路线，最终到达你真正想去的地方。

到目前为止，实现由愿景驱动的路径还不明晰。传统观

## 引言
创建变革性产品的可复制思维模式

念认为,好的愿景必须是宏图伟业,而"异想天开的目标"(big hairy audacious goal, BHAG)常常会把我们引入歧途。因此,要构建由愿景驱动的产品,仅仅有某个愿景是不够的。我们还需要一种激进的方法来构建愿景。

一旦有了好的愿景,就需要将它系统地转化为我们的日常行动。我们的短期业务常常与长期目标相矛盾,这会使我们分散注意力——在这个过程中,我们很难抵挡诱惑,容易满足于局部利益最大化,而忽略了整体利益最大化。一旦制定了愿景,我们迫切需要一种行之有效的方法来坚持愿景驱动。

本书可以帮助你建立这种思维模式,系统地构建由愿景驱动的产品,更智慧地进行产品创新。

多年的产品管理经验让我意识到,无论职位以及所处行业,我们都可以使用产品思维,采用系统化的方法来构建产品。我曾参与创建的产品涉及媒体娱乐、广告技术、科学研究、政府机构、公共艺术、机器人技术和葡萄酒等多个领域。事实上,我从事的每一份工作都在一个全新的行业中。我还曾担任过各种职务,包括营销、战略管理、项目管理、公司运营和首席执行官。丰富的工作经历让我意识到"产品"是一种思维方式,它不应该受到工作职务或产品功能的限制。无论你是在非营利组织、政府机构、服务业、研究机构、高科技创业公司工作,还是自由职业者,你都有产品。将产品视为有形或无形商品的传统观点已经过时。

激进式产品思维(radical product thinking,RPT)意味着,通过思考如何变革世界来实现整体利益最大化。产品就是一个可以不断完善的系统，最终能按照初衷实现变革世界。激进式产品思维会让产品在愿景的引导下，不断改变，并为世界带来变革。一个激进的产品是由愿景驱动的，并且有明确的存在理由，进而推动产品策略、优先级和具体执行方式。激进式产品思维为组织提供了一个明确的指南，让我们每个人都可以构建由愿景驱动的产品。

本书内容由三部分组成。引言中的例子让人们意识到迭代主导思想的缺点，并引出一种新方法，以创造出可以改变世界的产品。第一部分解释了由愿景驱动的产品如何实现变革，并帮助你认识到组织中激进式产品思维的必要性。第1章说明了如何构建由愿景驱动的产品，以系统地改变世界，并引入激进式产品思维。在第2章中，我们将建立一个词汇表，从中发现阻碍成功产品诞生的障碍或"疾病"。了解这些"疾病"将帮助我们诊断出企业最需要关注的领域，然后，我们就可以开始构建由愿景驱动的、成功的产品。

本书的第二部分提供了简单而实用的步骤来应用这种方法，并在整个组织中广泛传播这种思维。第3章至第7章指导你熟练使用激进式产品思维的五个要素，分别是愿景、产品策略、优先级、落地执行和评估标准以及企业文化。

这部分中的每一章都提供一个实用工具——你可以单独使用其中一个，并开始受益。事实上，在选择你认为最有益的工具之前，先通读本书是很有帮助的，然后一章一章地完成练习。虽然本书的章节是按照一定顺序编写的，但是我们练习的顺序并不一定要与章节顺序相一致。例如，在制定产品策略时，你可能会意识到需要重新构想愿景。

各章节都包含需要的模板。但是，为了在做练习的时候易于查看，建议把工具包全部打印出来。当准备做练习的时候，和书本一起使用。

设置这些练习的目的是帮助你定期应用激进式产品思维，直到这种思维变成肌肉记忆[①]。直到你能够本能地使用这种思维，并影响周围同事也能做到。

本书的第三部分解释了构建由愿景驱动的产品的超级能力及随之而来的社会责任。第8章解释了"数字污染"（digital pollution）的概念以及产品带来的意想不到的社会影响。第9章介绍了"希波克拉底产品誓言"（Hippocratic Oath of Product），以及如何承担构建成功产品所带来的社会责任。

本书最后总结了一些例子，这些例子将激励你把激进式产品思维应用到任何你想要带来变化的活动中。创造改变世界的产品并不是少数有远见卓识领导者的专属——我们每个人都可以通过由愿景驱动的产品来实现改变。

在撰写本书的过程中，我亲身实践了激进式产品思维：本书就是一个旨在创造变化的产品。我的目标是让你更容易地创造出更好的产品，帮助把世界变得更接近你的期望。我期待着在这段旅程中指导你们，因为你们的成功是衡量我个人成功的主要标准。

---

[①] 肌肉记忆：是指肌肉是有记忆效应的，同一动作重复多次之后，肌肉就会形成条件反射。——编者注

# 第一部分

## 智慧的创新需要新思维

# 第 1 章 为什么我们需要激进式产品思维

以愿景为导向的产品在诞生之初,就带着改变世界的清晰蓝图。这一愿景必定会渗透在产品设计的方方面面。

在比较以愿景为导向和以迭代为导向的产品时,我们常常以特斯拉公司的 Model 3 和通用汽车公司的雪佛兰博尔特为例进行比较。美国知名汽车专家桑迪·蒙罗(Sandy Munro)曾经拆解了这两款车型,并对它们的内部结构进行了深入的对比分析,不遗余力地分析了其所有组成构件。在接受《汽车在线》节目专访时,桑迪·蒙罗总结了他的分析结果,他认为雪佛兰博尔特是一款"不错"的车型,但是特斯拉的 Model 3 令他兴奋不已。"特斯拉的电路设计是最棒的,电缆布线设计是最棒的,发动机也是最好的,它带给我们最好的驾驶体验。除了外观,其他地方无可挑剔。"他认为特斯拉 Model 3 唯一的不足是外观——关于这一点,特斯拉公司自己也承认。

桑迪·蒙罗举例说明了特斯拉公司以愿景为导向的创新理念:汽车引擎的体积更小巧、动力更强劲,价格也更便宜。蒙罗听说电动机的霍尔效应可以使发动机增速 40%,但他从没见过其应用于纯电动车引擎。迄今为止,在蒙罗所做的所有拆解汽车实验中,特斯拉公司是唯一将霍尔效应应用于汽车引擎的。为了应用这项技术，特斯拉公司必须创造出全新的生产流程，在极强的压力下，将相斥的两极磁体黏合在一起。在此之前，蒙罗从未见过像特斯拉公司生产出的那样的磁体，更无法想象有公司能将其量产。

相应地，蒙罗也表达了对通用汽车公司所生产的雪佛兰博尔特的看法："通用汽车公司并没有投入大量的资金，从零开始研发这款车型。雪佛兰博尔特是在雪佛兰斯巴克底盘的基础上，外包生产电池部分组件，迅速推向市场的一款纯电动车。"通用汽车公司是以产品迭代为导向，在设计生产博尔特时，最大化保有原有车型的性能。

特斯拉公司和通用汽车公司在参与纯电动车市场竞争时，向市场推出的两款车型的设计理念截然不同。特斯拉 Model 3 的设计带有大胆的愿景，生产出一款既能让大众接受，又实现了绿色出行的电动汽车。而通用汽车公司在设计雪佛兰博尔特时，它的想法是设计生产出一款续航里程在 200 英里[①]以上的车型，在市场上击败特斯拉 Model 3。

特斯拉公司希望把 Model 3 打造成一款全方位颠覆性的产品（即通过生产出价格亲民的电动车型，加速电动车行业的变革）——这就是所谓的激进式产品思维。这一清晰的目标体现在汽车制造的各个方面。一个团队负责利用霍尔效应设计出更高效的电发动机；另一个团队负责设计磁极不断变化的磁体；

---

[①] 英制单位，1 英里 ≈ 1.609 千米。——编者注

## 第1章
### 为什么我们需要激进式产品思维

还有一个团队负责设计量产流程来量产这种新型磁体。各部门之间通力合作，技术上相互配合，所有团队在共同的愿景下达成一致目标，即生产一种前所未有的产品。正如蒙罗对 Model 3 的评价，"这款车与众不同。它不是细枝末节的修改，而是颠覆性的创新"。

激进的产品设计还常常反映在企业的组织架构上。以 Model 3 的制冷系统为例，它的制冷系统是单一的，负责整车的冷却，包括电池、车厢和马达。单一的制冷系统设计可以最大限度地提升制冷效果。而雪佛兰博尔特却与传统汽车一样，不同的制冷系统冷却汽车的不同部位。正如蒙罗所言，在通用汽车公司，各个部门各自为政。[1]尽管建立一套独立的制冷系统已经在总部底特律多次被提及，但由于需要多部门协同而不得不搁置。而在特斯拉公司，激进的产品愿景则可以打破组织内部的界限。

通过雪佛兰博尔特，通用汽车公司实现了局部利益的最大化——它很快就设计出一款新车型，并推向市场，而且这是一款价格较低且性能相当不错的汽车。但是通过 Model 3，特斯拉公司却实现整体利益最大化，Model 3 是一款史无前例的车型，销量已经超过了奔驰 C 级、宝马 3 系和奥迪 A4 的总和。[2]

特斯拉公司通过迭代不断完善产品，实现自己的终极目标。特斯拉公司的第一代产品电动跑车 Roadster 使用的电池组是由 6831 块现成的锂离子电池组成，而锂离子电池是在笔记本电脑中广泛使用的。如今，特斯拉公司 Model 3 电池组是该公司与松下公司（Panasonic）共同开发的。蒙罗认为特斯拉的电池是电动汽车中最好的，提供最长的续航里程和最快的充电时间，同时占用最少的汽车空间。特斯拉公司持续改进其产品。公司承认 Model 3 在制造过程中存在问题，并继续改进车身设计和制造流程。

相反，通用汽车公司使用迭代来定义它的发展方向。通用汽车公司一开始采用了与斯巴克车型相同的底盘，甚至前面的引擎布局也是一样的，保留了汽油车的部分设计，肯定了博尔特将是一款进化型汽车，而不是革命性的产品。

"但是，"你可能会说，"特斯拉公司在电动汽车方面有先发优势。如果有更多的时间（和迭代），通用汽车难道不会实现和特斯拉公司一样的整体利益最大化吗？"幸运的是，我们可以用历史事实来回答这个问题：一个有远见的解决方案并不等同于长期迭代。事实证明，通用汽车公司早在 1996 年就推出了第一款电动汽车 EV1，远远早于特斯拉公司的构想。

通用汽车公司最初将 EV1 以租赁的形式提供给加利福尼亚州喜欢驾驶电动汽车的消费者做市场测试。事实上，当通用汽车公司以责任问题和零部件为由停产，想要取消这个项目时，客户给通用汽车公司寄去了支票，要求在对公司零风险的情况下购买他们租赁的汽车。通用汽车公司甚至不必承诺对这些汽车进行维修，因为车主无论如何都想继续使用它们！通用汽车公司退回了支票，选择关闭生产线，原因是在它们的使用寿命内还需要一些数量不多的活动部件，需要更换少部分的活动部件——EV1 将会占用通用汽车的备件资源。[3]

虽然通用汽车公司早在特斯拉公司之前就已经推出了电

# 第 1 章
## 为什么我们需要激进式产品思维

动汽车,但他们的迭代过程并不是基于愿景驱动的,而是满足局部利益最大化。具有讽刺意味的是,恰恰是因为通用汽车公司取消了 EV1 项目,促使埃隆·马斯克(Elon Musk)创办了特斯拉公司,并最终打造了富有远见的 Model 3。

尽管存在诸多缺点,但局部利益最大化却极具吸引力,因为它们可以帮助你"盘活"局部棋局。它们可以帮助你在短期内实现利润最大化和商业目标,就像通用汽车公司匆匆地放弃其电动汽车项目一样。

自 20 世纪 80 年代以来,股东至上的意识形态,即公司的主要目标是股东价值最大化,已经在企业文化中根深蒂固。[4] 学者们主张管理者通过努力实现股东价值最大化,才能最好地服务于公司和社会。这通常意味着公司每个季度都要发布财务业绩,以满足股东对利润和增长的预期——激励着你优化棋盘上的局部几个棋子。

创业公司也有类似的关注短期目标的动机。为了向投资者展示项目进展并筹集下一轮融资资金,你的财务指标或关键绩效指标(KPI)——如用户数量、收入和业绩——必须快速增长。不论公司组织的规模大小,产品的成功通常都是基于单一维度——财务指标——来衡量的。

《精益创业》(Lean Startup)这本书教会了我们如何通过市场测试产品,看看哪些有效,然后不断迭代来更快地创新。但评估哪些方案是有效的,我们几乎总是看财务指标,通常是用户使用量或收入。不知道客户是否需要你构想的功能?先启动产品,让用户使用数据驱动你的决定。以迭代为主导的方法可以提升财务指标，但不能保证创造出改变游戏规则的颠覆性产品。就像在棋盘上，争取局部优势并不能保证你就能赢。

具有讽刺意味的是，我发现单纯追求财务指标往往成为开发成功产品的障碍。《精益创业》(*The Lean Startup*)在2011年出版时，承诺将创新民主化。在一个信贷充裕、经济不断增长的时期，这本书掀起一股风潮，"快速失败，快速学习"的口号在科技行业广为流传。它强调推出最小可行产品（minimum viable product，MVP）来测试和完善产品，而不必把时间花在制订详细的商业计划上。精益方法通常与敏捷开发相结合，敏捷开发是一种产品开发方法，用于增量地构建产品，并在整个开发过程中整合客户反馈。特别是当精益方法和敏捷开发同时使用时，它会造成一种错觉，即不需要从清晰的愿景开始——可以在产品开发过程中发现愿景。

在开发过程中发现愿景的想法其实漏洞百出，正如刘易斯·卡罗尔（Lewis Carroll）的《爱丽丝梦游仙境》(*Alice's Adventures in Wonderland*)中爱丽丝（Alice）和柴郡猫（Cheshire Cat）之间的一段对话：

"请你告诉我，从这里出发，该走哪条路？"
"这在很大程度上取决于你想去哪儿。"猫说。
"我不在乎去哪儿……"爱丽丝说。
"那走哪条路都没关系。"猫说。[5]

在发现愿景的过程中，产品会变成一艘在海上漂泊的帆

# 第1章
## 为什么我们需要激进式产品思维

船,没有北极星的指引——只能跟随当前的潮流和财务指标前行。作为一名商业领袖,你会被许多强大的力量推向不同的方向。投资人可能看到某个趋势,认为你没能充分把握;董事会成员可能会跟你分享他的想法;不同的客户可能会提出不同的要求。如果没有清晰的愿景和策略来推动测试和迭代改进的商业理念,许多优秀的产品就会因为方向不明确而走向失败。

需要说明的是,我并不是要否定《精益创业》。相反,精益方法和敏捷开发是我至今一直在使用的优秀方法,并强烈推荐用于客户反馈驱动下的项目执行。精益方法和敏捷开发可以提升速度,帮助你更快地到达目的地。然而,它们不会告诉你该去往哪里。

多年来,不同行业和不同类型组织(从初创公司到政府机构)的工作经历,让我发现了相同的错误模式,即使用迭代导向的方法来建立和扩大我们的产品和公司,以追求局部利益最大化。我曾和两位前同事乔迪·凯特斯(Geordie Kaytes)和尼迪·阿加瓦尔(Nidhi Aggarwal)分享产品开发方面的经验和挫折。尽管来自不同的商业背景,但他们对我的挫折感感同身受——他们都曾不断试错,才学会了如何开发产品。凯特斯是波士顿设计机构清新耕种(Fresh Tilled Soil)的用户体验策略师,阿加瓦尔创立了在线培训平台QwikLABS(后被谷歌收购),后来又担任机器学习初创公司踏马(Tamr)的首席运营官。在过去的几年里,我们三个人先后开发了很多种产品,发现构建由愿景驱动的、成功的产品需要一种系统方法,明确了这种方法的必要性。我们意识到必须用不同的眼光看待产品。

我们发现，如果缺乏系统方法，组织通常会使用精益方法和敏捷开发。而这些方法在财务指标这一单一维度上衡量成功，更容易导致局部利益最大化，而非整体利益最大化。本书分类列举了一些最常见的障碍，这些障碍经常阻碍我们创造出卓越的产品。与来自不同职业、行业和国家的人们进行交谈后，我们发现他们也都面临着类似的问题。

我们称这些障碍为"疾病"，因为它们具有传染性、破坏性且难以治愈。这些疾病很常见，因为产品开发的每一步都很容易出错。

我们努力把之前积累的经验转化成普遍适用的系统过程。我们从大大小小的企业、非营利组织和政府那里获得了深刻的见解，并将它们整合成一个清晰的、可重复的过程。然后，与世界各地的一些组织合作，测试并完善了这一过程，这些组织包括处于早期阶段的高科技初创公司、提供专业服务的公司、社会企业、非营利性机构和科研机构。"激进式产品思维"由此诞生。

激进这个词听起来让人感觉不可思议，但《牛津英语词典》将其定义为"与某一事物（尤其是变化或行动）的本质相关或者影响它的本质；深远的或彻底的"。[6] 激进在医疗领域是指彻底的，能够完全治愈的。

激进式产品思维是指从改变世界中获得灵感，并将产品作为一种创造变革的机制全面思考。我们将激进式产品工具组合设计成一种清晰、可重复的方法，用于创造变革性的产品——从构想如何改变世界到将愿景转化为日常活动，再到交

# 第1章
## 为什么我们需要激进式产品思维

付最终产品,一步一步地进行。激进式产品思维还将为你的团队提供一种共同的语言,使交流更顺畅,并欢迎你带领其他人加入团队,共同开启一段旅程。

以下是激进式产品思维的三个特征:

1. 把产品想象成一种创造变革的机制:为世界带来变革的不一定是高科技产品,还可以是非营利组织的工作,研究人员的成果,或者你提供的自由职业服务。只要你想通过它们带来改变,以上这些都可能是你的产品。因此,可以将激进式产品思维应用于你正在构建的任何产品,更有效地加速变革。

2. 在设计产品之前,展望一下你想给世界带来的改变:产品无法为自己代言——它的存在只是为了实现你想要的改变,只有当它帮助你实现构想的最终状态时,它才会成功。只有当你明确想实现的影响时,你才能开发出正确的产品并对其进行评估。如果不明确预期的影响,就很难识别和处理产品可能产生的意想不到的后果。

3. 将愿景与日常活动联系起来创造变革:专注于执行会让人感到满足——就像骑在一匹疾驰的马上(即使它飞奔在错误的道路上)。激进式产品思维会助你将力求改变的愿景与日常活动联系起来。

表1-1 迭代导向和激进式产品思维的不同

| 迭代导向的产品思维 | 激进式产品思维 |
| --- | --- |
| 适用于升级型产品,对目前的产品或生产过程进行小的变动或更改 | 适用于变革性产品,创造颠覆性的变革 |

续表

| 迭代导向的产品思维 | 激进式产品思维 |
| --- | --- |
| 愿景随着产品的迭代而改变，迭代产品决定了下一个愿景 | 愿景几乎不会更改——迭代会帮助你实现既定的愿景 |
| 帮助应对目前的情况，实现局部利益最大化。挽救正在遭到攻击的"部分棋局" | 帮助你有目的地实现整体利益最大化。你清晰地知道最终目的，你会长远考虑，找到适合"整体棋局"的下法 |
| 随着时间的推移，最终的产品很容易变得功能繁杂，常见的一些产品疾病就会悄然而至 | 最终的产品会忠于最初的愿景和设计目标。患上产品疾病的可能性很小 |
| 会造成数字污染，迭代会带来意想不到的社会后果 | 承担社会责任，在成功开发产品之后会产生积极社会影响 |

## 新加坡——激进式产品的先驱

新加坡的历史和经济转型绝佳地说明了为什么激进式产品思维是创造变革的强大模式。

1854 年，新加坡自由出版社（Singapore Free Press）将新加坡描述为一个荒蛮小岛。[7]当时，新加坡已经是英国殖民地的一个主要港口，但那里的人口大多贫穷，没有受过教育。霍乱和天花在人满为患的地方肆虐，多数人无法获得公共卫生服务。

新加坡一度面临着大规模失业和住房短缺，以及石油等自然资源的缺乏。作为一个小岛，它甚至依赖马来西亚提供饮用水。

# 第1章
## 为什么我们需要激进式产品思维

1965年,新加坡成为一个独立的主权国家。独立后的第一次记者招待会上,新加坡首任总理李光耀(Lee Kuan Yew)一度哽咽,动情地说:"你们知道,这是由地理、经济和亲属关系联系起来的一个民族。"[8]

李光耀勾勒出一张清晰的蓝图,绘制出要给新加坡人带来的未来。在另一次新闻发布会上,他描述了想要创造的世界:"我要为几百万人的生命负责。新加坡会生存下来,与全世界进行贸易。"[9]

2007年,在接受《国际先驱论坛报》(International Herald Tribune)采访时(摘自《纽约时报》),李光耀表示他力图改变新加坡的状况,描述了他的愿景是为企业创造一个探索亚洲的平台。

在同一次采访中,李光耀详细描述了相关的具体战略。"新加坡需要满足西方企业的需求,要让这个岛屿有家一般的感觉。城市需要绿化,环境干净,统一讲英语。我们必须与众不同,它是廉洁、高效的,是由精英管理的,是行之有效的。"[10] 令人惊讶的是,李光耀讲话的样子就像在发布一款全新产品。激进式产品思维在20世纪60年代尚未诞生,但李光耀系统地设计出一款产品来创造新加坡的未来。

新加坡为变革而采取的方案经过了认真的规划,并按照优先级确定了实施次序。例如,今天的新加坡以市容干净整洁而著称;在西方国家看来,原因归于乱扔垃圾者会受到严厉惩罚。但从逻辑上讲,如果大多数人不认同国家的愿景,相关规定执行起来就会非常困难。为了让人民听从,政府一直是通过教育说服大多数人，再对任性的少数人实行罚款和惩罚。[11] 为了呈现一个干净整洁的新加坡，国家首先开展一场大规模教育活动，说明清洁对实现这一美好未来的重要性，然后实施罚款。战略的每一个要素，从市容干净整洁到英语成为通用语言，都必须首先开展一系列宣传教育活动，并遵照优先级安排得当。

把产品视作实现愿景的手段时，我们会对不断改进的方法和手段持开放态度。这恰恰是迭代存在的意义。在实现清晰愿景和策略的过程中，迭代可以采取反馈驱动法。在2007年的采访中，李光耀分享了他的迭代思想："我们是实用主义者。方法有效吗？试试看，如果有效，那就继续。如果无效，丢掉它，尝试下一个。"[12] 政府的行政管理不断迭代是由清晰愿景和战略驱动的，但是迭代过程中，证明愿景或策略存在某些问题时，政府会予以纠正。

新加坡的公共交通就是一个例子。新加坡关于公共交通的愿景非常明确——拥有一个价格低、分布广的公共交通系统，满足不断增长的人口需求。1995年，新加坡将公共交通私有化，努力通过竞争提高效率和降低价格。虽然这一战略看似合理，但事实证明，新加坡公共交通公司（SMRT）优先考虑短期收益，原因是它是一家上市公司。由于不重视铁路维护和缺乏长期投资，列车频频出现延误和安全事故。当政府意识到私有化无法实现新加坡公共交通的愿景时，立即改变了战略。新加坡公共交通公司被淡马锡公司（Temasek，一家政府投资机构）收购并退市。今天，新加坡拥有全球最好的城市交

# 第 1 章
## 为什么我们需要激进式产品思维

通系统,曾在 2018 年麦肯锡公司的相关调查中排名第一。[13]

在李光耀执政期间,新加坡面临的挑战是为岛国居民创造更好的生活——他创造了一种激进的产品,并追求整体利益最大化。李光耀曾用下棋来比喻。"有人会玩国际跳棋——每跳一次就吃掉对方一颗棋子。人和国家的事务并没有那么简单,它更像是一盘错综复杂的国际象棋。"[14]

今天的新加坡政府面临新的挑战:在竞争激烈和全球化经济的今天,如何解决日益严重的财富分化和平衡资源再分配。除了新加坡奇迹般的转型,李光耀的远见卓识还体现在将由愿景驱动的产品思维应用于政府,使新加坡能够据此设计解决方案,以应对未来的挑战。

你可以看到这种方法渗透到新加坡的政府机构。每个部门或政府组织都有自己的愿景,并努力去实现它,每个愿景都有相应的产品。走进任何一个政府机构,你都会看到愿景被清晰地贴在墙上,你体验到的服务也与之匹配。在服务结束时,你通常会收到对服务体验的问卷调查,以便不断改进产品。

下面是我在新加坡政府的真实体验,让我第一次感受到产品思维。我和家人来到新加坡的第二天一早,我们去了人力部就业通行证服务中心(EPSC)领取工作许可证。当时,我们不得不带着两个孩子一同前往,出于时差原因,他们凌晨两点就醒了。因此,我已经做好准备迎接一段漫长而痛苦的时光。

令人感到惊讶的是,我们首先被带进一间非常安静的办公室,看起来比心理治疗室都要安静,给人一种不可思议的舒适感。短暂的等待中，我们仔细阅读了贴在办公室墙壁的标语，这些标语描述了该服务中心在追求客户体验方面的目标："给您确定性和安全感"，"谨记您的不同需求"，以及"提供彬彬有礼的服务"。我感受到了与墙上标语一致的服务，例如，还在倒时差的孩子们开心地在舒适的儿童区玩耍；轮到我们时，工作人员称呼我们的名字而不是数字编码；工作人员为我们拍了证件照（我们不必到处找照相馆），甚至让我们查看照片，并询问是否满意！在服务中心的任务就这样愉快地完成了，工作许可证会寄到我们的住处。

签发工作许可证是新加坡人力部就业通行证服务中心的"产品"，该产品与新加坡人力部网站上阐述的愿景一致。以下是其中的一段摘录：

> 我们致力于培养优秀的工作队伍，提供良好的工作场所。新加坡人追求实际收入的增长、有成就感的职业和经济保障，同时保持人力资源高效和有竞争力的经济发展。
>
> 为了实现愿景和使命，我们的目标是让企业提供好工作，让新加坡人从事好工作，使之成为新加坡的核心竞争力。
>
> 我们力图维护一支有技能的外国劳动力队伍，作为本地劳动力的补充。[15]

为了实现这一愿景，新加坡需要吸引有技能的、多元化的外国劳动力。由于新加坡本地人口老龄化，这些外国劳动力填补了本地劳动力的缺口，因此目标是让外国劳动力群体在新加坡更容易找到工作。

组织中的每个层次都可以应用激进式产品思维，并通过产品对愿景产生积极影响。在更具体的层面上，组织中的每个人都贡献了独特的产品。这些产品的影响汇聚成组织所产生的总体影响。

这种产品思维模式的神奇力量在于可以将其应用于组织层次结构的上上下下。每个团队都被正在努力创造的清晰愿景所驱动。在由迭代主导的组织中，我发现组织中的团队通常迭代很快，但往往不同步。

精益方法和敏捷开发让我们通过环环相扣的反馈循环来实现迭代的力量——这些执行方法给了你速度。激进式产品思维为你指明方向，帮助你规划目的地以及如何到达目的地。将迭代执行与激进式产品思维相结合，会带给你速度：有方向的速度。设计公司石板路（Pebble Road）用图 1-1 中的插图来代表组织中遇到的挑战和激进式产品思维的价值。

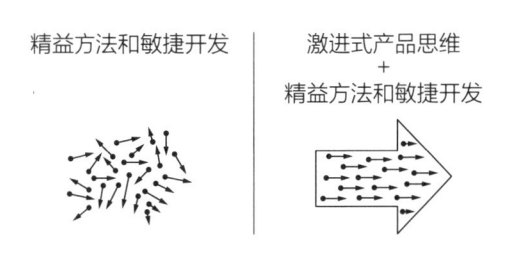

图 1-1 激进式产品思维的价值

新的思维方法是有据可循和有远见的方法。新加坡的例子说明了清晰的愿景对策略、优先级和执行的重要性。

迭代是有帮助的，但是迭代必须由愿景驱动。我们衡量愿景的进展，以决定如何改进下一个迭代产品。通过这种由愿景驱动的方法，设计出成功的产品，实现我们想要看到的变革。

本书提供了一个清晰的、可重复的方法来创建由愿景驱动的巨大影响——从展望世界的变化到实现它。用循序渐进的方法来帮助你实现愿景，渗透到你和团队的日常活动中。同样重要的是，它是一种共享的语言，使交流更容易，并吸引别人加入旅程。

要引入这种新的思维方式，你需要首先了解什么阻碍了好产品的开发，以及扼杀创新的"疾病"。这些词将帮助你传播这种思想——帮助其他人认识这些"疾病"，开始治愈或预防它们。

### 本章关键点

- 以迭代为主导的方法可以提升财务指标，但不能保证创造出变革性的产品。
- 在迭代导向的模式中，迭代制约了你的方向。在由愿景驱动的模式中，迭代可以帮助你找到方向。
- 激进式产品思维帮助你构建愿景驱动的产品，帮助你创造期待已久的改变。

# 第 1 章
## 为什么我们需要激进式产品思维

- 以下是激进式产品思维的三个特征:
  1. 把产品想象成一种创造变革的机制。
  2. 在设计产品之前,展望一下你想给世界带来的变革。
  3. 将愿景与日常活动联系起来促成变革。
- 激进式产品思维给你方向,精益方法和敏捷开发给你速度。把两者结合起来,带给你有方向的速度。
- 在激进式产品思维中,如果把产品看作不断创造改进的机制,促成期待已久的变革,那么任何东西都可以成为你的产品。

# 第 2 章　产品疾病——当优质的产品开始变糟糕

没有清晰明确的愿景和战略支撑的迭代，产品功能逐渐变得庞杂、割裂，失去方向，被不相关的评价标准驱动，我们常称它们患上了某种产品疾病。

我们大多数人是通过试错来开发新产品，并培养开发新产品的直觉。依靠直觉将愿景与公司战略、优先级和战术活动相结合，就像在头脑中做代数运算。简单的情况尚且能处理，但对于更复杂的情况，我们就很容易犯错误。当愿景与具体执行脱节时，产品就会患病。这种情况经常发生，也是产品疾病在各个行业和不同规模的公司中普遍存在的主要原因。

诊断疾病是治疗或预防疾病的第一步。关于产品疾病词语的设计是为了让人在自我诊断疾病时，帮助组织中的其他人意识到它们，并愿意接受一种新的思维方式。

## 产品疾病 1："英雄"综合征（hero syndrome）

当你只关注自身的影响力，而忽略了初衷是为世界带来改变，忘记了用愿景激励自己，此时，"英雄"综合征就会发作。

# 第 2 章
## 产品疾病——当优质的产品开始变糟糕

由于风险资本（VC）的商业模式推动公司做出高风险、高回报的决策，风投资助的公司特别容易患上此种疾病。我曾经在职业生涯早期患上过"英雄"综合征，以下就是我的经历。

"说客7"是我和合伙人共同创立的第一家公司，最初是一家由风投资助的公司。从筹集资金的那一刻起，我们就被鼓励做"大"和扩大规模。我们的办公地点设在波士顿的金融区，目标是成为拥有知名品牌的大公司。

那是20多年前的事了，但"英雄"综合征直到现在仍然大行其道，[1] 几次众所周知的商业失败，都是由于管理层过于关注公司影响力，而忽略了影响本身。Beepi（美国二手车电商，C2C模式鼻祖）的联合创始人兼首席执行官艾尔·雷斯尼克（Ale Resnik）筹集了1.477亿美元，创建了一个二手车买卖电商平台。其管理团队专注于打造空前的影响力和规模。因此，他们的首要任务是资金募集和估值，而不是真正为客户解决问题，最终不得不退出二手车市场。例如，客户经常会因为临时车牌过期而被拦在路上，因为公司没有有效整合运营——未能及时过户，上正式车牌的问题迟迟得不到解决。2015年，雷斯尼克在接受《华尔街日报》采访时表示，该公司正以20亿美元的估值寻求3亿美元的巨额融资，以推动其在全美的扩张。[2] 雷斯尼克专注于扩大公司规模和影响力，而不是其核心业务；做大并没有给企业带来更好的产品。虽然Beepi的想法很棒，但该公司在2017年因运营失败被出售。

成为市场上的"英雄"，这一想法极具有吸引力，因为一些"英雄"以高调的方式改变了世界,并吸引了媒体的大量关注。在商业世界中,巨头们可能制造出市场上最多的噪声,但小企业才是经济发展的引擎。[3] 小企业创造了近一半的私营部门就业岗位,在经济大衰退之后,小企业引领创造了就业岗位,占净新增就业岗位的 67%。[4]

当我们被"英雄"综合征所吞噬时,我们会专注于**需要做"大"**——**需要**意味着某种程度的胁迫。不要给自己增添不必要的压力,努力实现你想要的变革。

## 产品疾病2:战略肥胖症(strategic swelling)

我们都曾被选择困难症(fear of missing out,FOMO)折磨过?人们很容易对一个又一个接踵而至的想法或要求点头称是,直到自己不太记得最初的计划。在这个过程中,产生一定企业影响力的力量被稀释了。我们把关注点分散在许多方面,却没能实现任何实质性突破。我们把这类产品疾病称为战略肥胖症。

20世纪90年代末,雅虎公司网站的主页上充满了多年来不断增加的功能——动画图片、财经新闻、群组等。雅虎公司不想错过任何消费者想要的功能。但问题是,当时大多数消费者的互联网带宽不够,拥挤的主页需要很长时间才能加载出来。与此相反,谷歌只专注于一项业务:网络搜索。其极简的主页设计令谷歌的加载速度比雅虎快得多。由于雅虎患上了战略肥胖症,谷歌迅速取代雅虎成为占主导地位的搜索引擎。

## 第2章
产品疾病——当优质的产品开始变糟糕

然而，雅虎继续贪婪地收购公司，增加其产品功能——它已经病入膏肓了。玛丽莎·梅耶尔（Marissa Mayer）出任雅虎公司首席执行官时，曾经收购了53家公司，以下列举的是其中一些：

- Aviate（智能主屏幕应用程序）
- Polyvore（类似Pinterest的社交商务网站）
- Tumblr（轻博客平台）
- SkyPhrase（自然语言处理初创公司）

有一段时间，雅虎的主页上功能过多，以至于不得不点击"更多"来获得按字母顺序排列的所有功能列表。当需要按字母顺序排列功能时，毫无疑问，企业患上了严重的战略肥胖症。

帕拉巴·巴斯森（Prayag Bansal）是我在美国东北大学（Northeastern University）创新课堂上的一名学生，在小组项目结项时，他颇有见地地总结了自己对战略肥胖症的认识：

> 当我们制定公司战略时，产品从种类繁多的功能简化成只有唯一、明确的功能。有时候提供繁杂的功能不一定会带来更好的结果，这让我大开眼界。此外，试图提供过多的功能也会导致更多领域的竞争，使产品失去竞争优势，很难与竞争对手相抗衡。

资源匮乏有时恰恰可以防止战略肥胖症的发生，进而实现更多。当布鲁斯·麦卡锡（Bruce McCarthy）担任 NetProspex 公司的产品副总裁时，公司的管理团队给了他一份清单，上面列出了 75 项期望团队开展的项目，他预见了即将发生的战略肥胖问题。但在当时，麦卡锡只有一个 6 人的小团队，高管们一致同意，那一年只专注做 3 个项目。在两年的时间里，该团队推出了一系列产品，但每一款产品都尽力地与核心业务相关。通过做得"少"，团队反而取得了更大的成就。他们的营业收入每年翻一番，最终公司被邓白氏集团（Dun & Bradstreet）收购。

为了能从战略肥胖症中恢复过来，组织需要有一个清晰、明确的目标，并将其转化为核心业务。

## 产品疾病 3：业绩压力导致的功能失调（obsessive sales disorder）

业绩压力导致的功能失调最初是在企业中被发现的。任何参与季度营业收入考核的人一定都曾听过："客户已经准备购买了，只需要在产品上再添加一个小功能。"

这是个非常诱人的提议，我也曾说过类似的话。但到了季度末，当销售团队为了厚厚的一摞合同开香槟庆祝时，可怜的工程设计团队却不得不面对一张全新的产品设计图。为了满足客户突发奇想的独特需求，这张全新的产品设计图已经与最初的长期战略目标相去甚远。

## 第 2 章
产品疾病——当优质的产品开始变糟糕

偶尔做出这种让步尚可理解。但是,当我们频繁地为了满足短期需求而放弃长期利益时,我们很可能患上了业绩压力导致的功能失调。

除了在商业领域,业绩压力导致的功能失调也出现在政治领域。全球民粹主义现象表明,一些政客会为了短期的选民满意度而牺牲长远的考虑。以遏制移民的民粹主义提案为例。如果没有移民,美国的劳动力人口预计到 2035 年将开始下降。随着婴儿潮一代[①]的退休,美国需要外国移民来平衡就业人口的减少,继续为社会保障和医疗保险提供资金。[5]

为该系统提供资金是一个长期过程。另外,对于政客来说,在选举中获胜是一个更为紧迫的问题。因此,尽管明确的数据显示国家有移民需求,但迫于"业绩压力"的政客们不得不做出限制移民的承诺,舍弃未来换取今天的选票。[6]

这并不是说,选民的满意度不重要,或者这种让步总是不可取的。总不让步是不切实际的——你不可能总是朝着长期目标努力,不考虑短期需求。在政治上,它会限制发展,无法获得连任。在商业中,如果短期现金流亏空,你就失去了机会。事实上,你很快就无法继续经营了。

偶尔权衡长期目标的进展,让自己在短期生存下来,这并不是不合理的。但如果放弃长期目标,你会感觉自己迷失了方向,也很可能会患上业绩压力导致的功能失调。

---

[①] 婴儿潮一代指在美国出生于 1946—1964 年的人。——编者注

## 产品疾病 4：过度评估症（hypermetricemia）

网站上的按钮应该是红色还是蓝色？测试一下到底哪种颜色的按钮能获得更多的点击量！虽然评估是强有力的工具，可以帮助我们做出更好的决定，但过度依赖评估——不关注哪些指标需要评估——可能会导致可怕的过度评估症。

过度评估症意味着用"可测量的"结果衡量是否成功，而没有充分了解这些结果是否能够完全帮助你实现希望达成的目标。

在许多创业公司里，一些指标如募集的风险投资金额、投资增长率，甚至被媒体提及的次数等，都可能成为评估企业经营状况的误导性指标。比如，典型的"客户参与度"指标：谁不希望客户在公司网站上浏览更长时间？但是如果公司目标是帮助客户完成一项任务，之后让客户继续做其他事情，在网站上停留更长时间实际上与目标背道而驰，而非日益靠近。

想知道哪些指标需要评估，你需要了解想要实现的目标。如果我们选择不加思考地评估全部指标，我们可能最终的确评估了全部，却仍然无法获得真正重要的东西。这里举个例子。

我曾经在一家公司工作，公司的硬件部件出现了故障。为了找到故障原因，监督减少故障的举措，公司决定让我们对所有问题部件的生产过程进行 24 小时视频录像。

然而，6 个月后，我们仍无法进一步了解问题部件是否减少，举措是否有效。全天候的视频会占用较多的数据存储空间，我们只能保留一两周的视频录像，其余的内容必须清空！

## 第 2 章
产品疾病——当优质的产品开始变糟糕

因此,我们只能回顾本周故障情况,但没有 6 个月前的视频做比较,也就无法判断故障是否减少。

在尝试评估一切的过程中,缺乏战略性的评估方法来获得需要的数据——写生产日志,记录特定问题,我们本应该设计这种方案获取更有价值的信息。

为了克服或者预防过度评估症,我们需要从试图实现的目标(愿景和战略)中找到真正值得评估的指标。

## 产品疾病 5:闭锁综合征(locked-in syndrome)

当我们始终致力于某项技能、技术或方法,仅仅是因为我们已经熟练掌握了此类专业知识或者因为它们在过去发挥过重要作用,我们很容易患上闭锁综合征。固有的、成熟的技术可能会阻止我们探索其他方案,更高效地实现我们所期望的目标。

闭锁综合征,也被称为创新者困境(innovator's dilemma),成功的大企业管理者往往更容易患上这种疾病。由于企业决策者往往无法或不愿打破非常成功的产品线,当新技术进入市场时,公司就会猝不及防地发现自己已经无法与之竞争。[7]

20 世纪 70 年代,国际商业机器公司(IBM)凭借其标准的大型计算机和硬件在计算机行业处于领先地位,而后患上了闭锁综合征,让它错过了软件领域的巨大商机。

当时,康懋达公司(Commodore)、RadioShack 和苹果公

司纷纷推出了个人电脑，在爆发式增长的个人消费市场上，IBM的落后程度日趋明显。IBM当时的首席执行官约翰·奥佩尔（John Opel）希望IBM在一年内推出个人电脑。为了实现这个目标，团队决定使用现成的硬件组件，而不是从零开始设计组件。[8]

对于操作系统，IBM聘请了一家软件初创公司，这家公司非常愿意接受IBM的所有要求，包括苛刻的时间表。在奥佩尔的主持下，IBM与这家初创公司签署了DOS操作系统的非独家许可协议，这家公司就是大名鼎鼎的微软公司（Microsoft）。[9]

IBM太专注于硬件业务，高管们没有抓住成为软件行业领军企业的机会。最终，IBM的个人电脑部门在2009年被联想公司收购，而微软公司的利润率则在随后的几十年里迅速增长。

故步自封的人会忘记要解决的实际问题，停留于以往解决方案。然而，当你把注意力转移到具体问题上时，更容易意识到迎接挑战的方法不止一种，而过去的方法也并不总是有效的。

## 产品疾病6：战略调整症（pivotitis）

科技初创公司存在的普遍现象是，一旦经营遇到困难，马上宣布调整战略，把公司指向与之前不同的（但相关的）发展方向。这种顾忌颜面的战略调整会让公司避开问题，而不是

## 第 2 章
产品疾病——当优质的产品开始变糟糕

解决问题。然而，它常常导致产品供应和目标客户的剧烈波动，进而导致团队倦怠、困惑和士气低落——这些都是患有战略调整症的明显迹象。

我在一家初创公司负责市场营销时，亲身遭遇过战略调整症。起初我们计划创建一个支付平台，愿景是成为下一个维萨（Visa）。当时，亟待解决的一个非常棘手的问题，是要同时吸引商家和消费者。所以我们调整了策略——成为商家的忠诚平台。但我们很快意识到，这是一个竞争过于激烈的市场，所以我们转向为小企业提供信贷解决方案。过了一段时间，我们已经完全失去方向，也不知道在网站上要求客户提供哪些信息。

与其他疾病一样，不停地调整战略经常被认为是合理的，因为有些公司的战略调整是成功的。例如，办公通信软件公司斯莱克（Slack）的前身是一家游戏公司，后来进入了企业聊天领域，这是一个完全不同的市场。但请记住：当斯莱克进入企业聊天领域时，它摆脱了作为一家游戏公司的所有包袱和先入之见。与其说这一举动是"战略调整"，不如说创始人是在创办一家新公司。

如果你对预想的战略失去了信心，或者认为它根本无法实现，这应该是一个经过慎重思考的关键决定。这意味着你需要重新定义愿景、战略和行动计划。认识到这是一次推倒重来和全新开始的好处是：当遇到困难或另一个闪烁着光芒的目标看起来更诱人时，你不会再那么轻易地调整方向。这个关键决定会鼓励你去迎接挑战，直到困难被证明的确无法克服。

当我们被为之奋斗的目标所激励，被清晰的愿景所驱动时，迎接挑战就会成为自然而然的事。追求成功时，走过一个又一个弯路时，勇于迎接挑战可以帮助我们避免战略调整症，防止迷失方向。

## 产品疾病7：自恋（narcissus complex）

当我们在内心深处思考自身需求，以至于忘记了期望给世界带来的改变时，自恋就悄然降临了。例如，当波音公司专注于财务目标，并用机动特性增强系统来解决波音737 MAX的空气动力不稳定问题时，就是自恋。

在新冠病毒流行初期，有些医院也暴露类似只关注公司目标而非患者的情况。一些医生和护士想在医院的电梯和走廊戴口罩，却遭到医院管理人员的强烈反对。他们担心戴口罩在医院走动的医护人员会吓到患者，患者可能会认为医院出现了新冠病例。[10] 当我们只看内部时，便会通过自身得失和利益来评估成功，而不会在乎客户的需求。

我不是呼吁大家都变成利他主义者，但如果缺乏对客户需求的关注，我们只会专注局部利益最大化，并将实现整体利益最大化的机会拱手让给竞争对手。

## 合并症

现在，你很可能已经了解或曾经经历过本章中提到的几

## 第 2 章
产品疾病——当优质的产品开始变糟糕

种产品疾病。事实证明,产品患上多种疾病的合并症也很常见。实际上,被德国人戏称为"幽灵机场"的柏林勃兰登堡机场(Berlin Brandenburg Airport,BER)不幸地患上了以上 7 种疾病的合并症。

1989 年柏林墙倒塌后,德国政府批准了修建柏林勃兰登堡机场的计划,以纪念柏林作为德国统一的象征。勃兰登堡机场被规划为一座世界顶级的机场,重塑柏林作为全球出行目的地的地位。而事实情况是,它成为一个史无前例的"笑柄"。

柏林勃兰登堡机场原计划于 2011 年投入运营,但 9 年后,它终于在 2020 年 10 月启用。延误的原因竟然超过 55 万个——这是机场向公众开放之前需要修复的问题和故障数量总和。

到底是哪里出了问题?就此,我采访了马丁·德利乌斯(Martin Delius),他是德国国会议员,同时也是调查委员会主席。德利乌斯读过我关于产品疾病的文章,所以在接受采访时,他已经开始运用它们来诊断勃兰登堡机场了。

毫无疑问,机场首先患上了"英雄"综合征,德利乌斯分享道:"对勃兰登堡机场的规划都是按照最高标准进行的。"当勃兰登堡机场开工建设时,各方达成了一个非常宽泛的愿景:柏林,作为全球知名的出行目的地,需要建造一座最现代化的机场。在组织中,我经常看到类似的高层协议,团队花了一整天的时间在会议室里制定愿景。然而,在多数情况下,他们最终提出了一个宽泛的愿景,比如"成为数据存储和备份领域的引领者"。勃兰登堡机场的愿景同样非常宽泛,既不详细,也不具备可操作性,在项目执行发生重大偏差时,很难回到正轨。

这些偏差会导致战略调整症，机场在开始施工后不断地改变设计。例如，建筑设计师非常反感购物，所以机场最初没有设计免税店。但是，对开发商来说，这是一个致命的缺陷，因为机场收入的很大一部分来自商店。为了补救，不得不在原始设计的基础上增加了一层，专门用于商品零售。

勃兰登堡机场项目非常自恋——这个项目并不关注市场需求，而只关注内部需求。机场最初被设计成一个交通枢纽，增加了项目的开支，尽管当时所有的航空公司都表明不需要一个新的交通枢纽，也不打算把该机场作为航班中转站。

德利乌斯还承认了勃兰登堡机场患上了战略肥胖症："由于勃兰登堡机场的愿景是建设世界顶级机场，联邦政府和柏林市的利益相关者，包括许多政治官员在内，都认为有必要为该项目添加一些特色，使机场变得更好。为了迎合这些人的期望，该项目开始不断地扩大规模。"德利乌斯有软件开发的工作背景，在软件领域的战略扩张阶段，他曾有相似的经历："通常在患有战略肥胖症的公司中，所有的产品功能都被视为'最重要的功能'。由于缺乏严格的方法来界定产品功能的优先级，工程师团队被迫更加努力地工作，开发更多的产品功能。同样的情况也发生在勃兰登堡机场。"

由于患有过度评估症，该项目的团队希望因设计变更而增加的成本由承包商承担。这又导致该项目患上了业绩压力导致的功能失调，以长期愿景换取短期利益。"比如，迫于机场的功能不断增加，一家大型承包商在无法获得额外资源的情况下，不得不宣布破产。"把压力转嫁给承包商可能带来了短期

## 第 2 章
产品疾病——当优质的产品开始变糟糕

利益,但最终导致其破产,进一步拖延了工期。

最后,勃兰登堡机场还患上了闭锁综合征——在某种程度上,虽然我们都感觉非常痛心,但事实是拆除已建造好的部分,重新规划要比继续推进工程更划算。但是政治官员被这个项目的固有思维困住了,觉得有必要向公众公开机场的建设成本。最终,当勃兰登堡机场晚于计划 10 多年才开始运营时,比当初预算多花费了将近 40 亿美元。

在建设之初,没有一个清晰且可操作的愿景和战略,使得勃兰登堡机场项目从想法到执行不断迭代,并在迭代过程中不断地患上各种产品疾病。

这 7 种产品疾病可能是企业中最常见的疾病——在大多数行业都出现过。但是,本章列出的 7 种产品疾病绝没有穷尽所有产品疾病。你可能正在经历一种行业特有的疾病,阻碍了企业发展。请记住,确诊产品疾病是治疗的第一步。

不妨与同事或小组成员讨论你发现的企业中的疾病。然后,着手解决每一种疾病的根源——或许是缺乏清晰的愿景和战略,或许是在将愿景转化为行动的环节中出现问题。

这本书的第二部分将帮助你预防或治愈这些疾病——通过愿景声明来制定一个明确的目标,并通过战略和优先级将其转化为日常活动。

> **本章关键点**
>
> 以下 7 种疾病在不同行业和规模的企业中都很常见:

1. 当我们专注于获得外部世界的认可，而不是用创造变革不断激励自我时，"英雄"综合征就会发作。
2. 战略肥胖症意味着试图多方面发展，但缺乏重点，无法在某方面实现突破。
3. 业绩压力导致的功能失调意味着为了达成短期交易，而牺牲长期愿景。
4. 过度评估症用一些可测量的结果来衡量成功，而不管这些数据是否值得评估。
5. 闭锁综合征指的是，由于某项技术或方法在过去取得过辉煌的成功，所以人们陷入了对它的膜拜。
6. 战略调整症的意思是，每当事情变得艰难，导致团队疲惫、困惑和士气低落时，你就要调整战略。
7. 自恋指的是过于关注自己的目标和需求，以至于忽视了客户需求和自己想要带来的变革。

- 这些产品疾病都是可以治愈的，只要你有一个清晰的愿景，并将其系统化地转化为日常活动。

# 第二部分

## 激进式产品思维的五个要素

第 3 章 CHAPTER 3

# 愿景——
# 展望变化

产品是为用户带来变化的机制。也就是说，在生产产品之前，就必须清晰地界定你期待为用户带来的变化。在本章，我们会探索印度薄饼的坎坷发展历程，了解一个令人激动的愿景如何激励你及整个团队。

你在印度餐厅吃过恰巴提吗？它们是扁豆制成的薄饼，通常需要蘸着酸辣酱吃。如果你吃过印度薄饼，你很可能品尝过 Lijjat 的产品。Lijjat 是最有名的印度薄饼品牌，市场份额超过 60%，其余 40% 分散在其他众多品牌中。

1959 年 3 月 15 日，Lijjat 的 7 位创始人聚集在一幢大楼的露台上，制作第一批印度薄饼时，她们并没有考虑什么市场份额。一开始，她们并没有宏大的愿景，其愿景虽简单但意义深远。她们只是想过上有尊严的生活，想让孩子接受教育，但因为都是半文盲，她们无法找到稳定的工作。

烹饪是她们唯一可以推向市场的技能，她们决定用烹饪技能来满足市场的需求。通过观察，她们发现消费者喜欢吃自制的印度薄饼。在我的成长过程中，始终记得祖母做的薄饼，印度菜与用火烤制的薄饼搭配在一起堪称绝配，嘎吱嘎吱的咀嚼声清脆响亮。但是在家里做印度薄饼是一项极需耐心的工作，需要的技能远远超过了日常烹饪。Lijjat 的创始人恰好用她们的烹饪技巧满足了市场需求。

她们从导师兼社会工作者查干巴帕（Chaganbapa）那里借了 80 卢比（大约相当于今天的 150 美元），购买了制作印度薄饼所需的原料和基本烹饪设备。7 位创始人达成协议，她们是平等的合作伙伴，绝不接受慈善捐赠。无论经营的结果如何，她们都将平分利润或亏损。

第一批印度薄饼卖给了当地的一家店主，紧跟着第二天又收到了一批订单。15 天内，她们就偿还了创业启动资金。不到 3 个月，已经有 25 名妇女开始制作薄饼并分享利润。3 年后，加入的女性已经超过了 300 人，露台上空间已经不够了。妇女们带着生面团回家，在家里擀薄饼，把擀好的薄饼带回来时，就能得到报酬。

创始人始终致力于通过创造满足消费者需求的高质量产品，让女性有机会过上有尊严的生活。秉承这一愿景，新成员不断增加，成为平等的合作伙伴。

今天，Lijjat 的营业收入已经超过 2.2 亿美元，聘用了 4.5 万名妇女。产品范围已经从印度薄饼扩展到香料、洗涤剂和肥皂等。60 年后，创始人不再擀薄饼了。但 Lijjat 的总裁斯瓦蒂·帕拉卡尔（Swati Paradkar）在接受电子邮件采访时表示，Lijjat 的愿景并未改变。该机构仍然是一个合作组织，所有妇女都是平等的合作伙伴，彼此称为姐妹。她们根据每天制作的印度薄饼数量获得报酬，每 6 个月平均分享利润或承担亏损。她们从来未接受过慈善捐赠——事实上，Lijjat 在灾难（比如地震)之后,还会主动进行捐赠。

愿景把团队凝聚在一起,为世界带来改变。产品是创造改变的机制——它本身并不是最终目标。为了转变思维模式,你首先需要制定一个详细的愿景,愿景围绕着为大家创造一个更美好的世界。

在传统意义上,我们认为愿景必须雄心勃勃、志向远大。愿景最好是一句简单、响亮的口号,以便于传播。但Lijjat的愿景打破了传统,即使创始人卸任,其愿景也一直被秉承。什么样的愿景能深深地刻在员工心中,而不是被搁置在文件柜里呢?

## 好的愿景具备的特征

通过对组织和团队愿景声明的研究,我发现好的愿景通常具备3个重要特征:

- 愿景聚焦希望解决的问题。
- 愿景是一个可以在脑海中绘制的具体状态。
- 愿景对你和你想影响的人来说都是有意义的。

**把愿景聚焦在想要解决的问题上**

愿景声明通常会高调地宣布团队的远大抱负,比如"成为一个价值十亿美元的公司","成为行业领头羊",或者"为股东创造价值"。有时,这些远大抱负是关于革新、颠覆或重塑某个行业的。

但是，愿景不应该是对组织的期望。愿景应该围绕为世界带来的改变，以及期待产生的影响。好的愿景有一个明显的标志：即使你和组织不参与其中，你仍然希望问题得到解决。如果愿景围绕商业目标，不关注解决客户问题，无形当中就会为关注客户问题的竞争对手创造机会，从而在竞争中击败你。

当愿景清晰地表达出希望解决的问题时，团队凭直觉就很容易理解它，每个人在解决问题时都会带着明确的目的。

## 绘制出愿景的最终状态

创造改变是在创造尚不存在的东西。要做到这一点，你和团队必须在头脑中清晰地绘制出未来蓝图——你必须与团队有一个共同的愿景，齐心协力去实现。当目标是一个具体的、可展望的最终状态，而不是抽象的，人们可以把愿景内化为自己的梦想。要创造一幅大家都认同的未来图景，愿景必须是详细的——显然，一句简短的口号无法描绘出未来清晰的蓝图。

描述性的愿景可以帮助你明确是接近还是偏离愿景。对愿景最终状态的描述可以被视为路标，帮助你判断是否走在正确的道路上，或者是否有必要对路线进行修正。

## 愿景应该激励团队和客户

通常，愿景声明的核心目的是在内部达成共识。然而，在现实中，愿景在指导团队的同时，也起着对外宣传的作用。愿景必须与目标客户产生共鸣，因为你希望他们与你并肩作战。

与客户分享愿景，阐述你想为他们带来的改变。因此，应该避免类似"成为行业的领头羊"的表述——客户并不关心谁是行业领头羊！他们只关心产品能否解决实际的问题。

如何判断当前的愿景是否符合这些标准？不妨让团队成员和一些客户分享对愿景的看法。如果愿景对需要解决的问题表述清晰，并且能引起共鸣，他们就能用自己的语言来复述愿景——这才是真正好的共同愿景。如果无法对愿景产生共鸣，也没有将其内化，他们可能只会重复口号式的愿景，或者尴尬地表示自己忘记了愿景的具体内容。

在制定愿景之前，请注意一点。研究表明，人们倾向于高估自己的实际能力——所以，我们愿意制定一个理想化的愿景，即使实际解决的问题与愿景相去甚远。[1] 但请务必抵制住这种冲动；愿景必须是求真务实的。

在我们的谈话中，安妮·格里芬（Anne Griffin）分享了她在一家区块链初创公司担任首席产品经理的经历："我们曾经说过，公司成立的愿景是让人们获得公平公正。但实际上，我们的客户大多是律师事务所，公司一直在开发各种新功能以迎合他们，并努力扩大目标客户群。因此，公司早已背离了最初的愿景。"

格里芬所描述的是一种典型的"英雄"综合征的症状，当我们试图编造一个听上去非常宏大或鼓舞人心的愿景时，就会患上此种产品疾病。愿景不需要听起来很宏大，也不需要为每个人带来改变。愿景应该是求真务实的，让团队清楚地了解你想解决的问题。

## 精心打造愿景声明

即使已经了解好的愿景具备的特征，你也完全没必要从一张白纸开始。你是否有过类似的经历：大家在会议室里绞尽脑汁、冥思苦想，最终却只想出一个毫无创意的愿景？从一张白纸开始创建愿景，会给人一种压力，迫使大家寻找完美的辞藻。因此，你倾向于使用熟悉响亮的词汇来描述企业愿景，创建愿景演化成"语言大师"美化愿景。

为了解决这个问题，让你更轻松地创建好的愿景，不妨尝试以下"自由填空"的方法编写激进的愿景声明：

> 今天，当（某一特定群体）想要实现（某个目标）时，他们不得不遵循（当前的解决方案）。这些是我们不能接受的，因为（当前解决方案存在某些问题）。我们期待一个（问题得到解决）的世界。我们正在通过（某项技术或方法）来实现这样的目标。

我们以 Lijjat 品牌为例，按照上述方法编写其愿景声明：

## 第 3 章
愿景——展望变化

> 今天,当(来自印度贫困家庭的妇女)想要实现(操持家务并教育孩子)的目标时,她们不得不(依靠丈夫的收入,向亲戚借钱,或者接受赠予)。这些是我们不能接受的,因为(在男权社会中,她们几乎没有话语权,没有稳定的收入来源,孩子的教育前景受限,从而重复贫穷的生活)。我们期待一个世界,在这个世界中,(女性可以自主创业,能够自食其力,为社会经济做出贡献)。我们正在通过(制造满足客户需求的、优质快速消费品,而不是接受捐赠)来实现这样的目标。

这样的愿景声明是激进的,颠覆了以往关于撰写愿景声明的传统认知。

每次我与团队做以上活动时,总是被问道:"愿景声明难道不应该简短且让人过目不忘吗?"这听起来更像是一篇小作文,而不是愿景声明!以往的观点认为,愿景声明应该简短有力,让每个人都印象深刻。到目前为止,以往的观点一直强调的重点是让大家记住愿景声明。然而,激进式产品思维强调的是让愿景被认可和接纳。把复杂的问题表述清晰,在团队成员内部达成共识,他们甚至可以用自己的语言复述愿景。

我发现有人经常把愿景与品牌标语相混淆。详细的愿景声明可以让团队清楚愿景的最终状态,使其具有可操作性,团队可以据此来创建产品。你可以把这个"自由填空"愿景声明模板看作团队的工作蓝图。工作蓝图可能包含大量细节，局外人无法理解。因此，营销团队应该根据蓝图再打造全方位的对外宣传材料（例如，品牌定位、品牌形象和标语），向大众传达你的愿景。

只有精练的愿景和用于对外宣传的品牌形象是远远不够的，作为工作团队的一员，你还需要计划蓝图。因为你会发现，大家在激烈地讨论或做重大决策时，拥有详细的愿景是非常方便的。你可以重申它，并问大家："这样做还是在坚守最初的愿景吗？"

愿景必须足够详细，详细到能够让你放弃某些做法——也就是说，放弃与愿景不一致的行为或活动。这又打破了以往大家熟悉的观点，即愿景应该是宽泛、志向高远的。不妨通过审视不同的商业机会来测试一下，问一问："这个机会与愿景一致吗？"如果每一个商业机会都符合愿景，说明你的愿景过于宽泛了，需要补充更多细节来充实它，让它更加清晰具体。

即使最终目标是宏大的，短期目标也应该脚踏实地。你仍然可以用前文中提到的"自由填空"方法先制定近期愿景，再添加以下内容，描绘出长远目标：

> 我们开始是通过（某项技术或方法）改变（细分客户群）做（某种活动）的方式。
>
> 之后，我们不断学习、成长，现在我们相信，下一个重大的跨越是（某种最终状态）。

美国太空探索技术公司（SpaceX）最初开发了造价低廉、可重复使用的运载火箭，其短期目标基本上是可以实现的，并可以列出具体的行动计划。除此之外，美国太空探索技术公司还有更大胆的目标——制造可以将人类送上火星的火箭。

## 愿景陈述必须回答的问题

激进的愿景声明旨在让团队对"哪些人""是什么""为什么""何时""如何"等问题达成共识。使用"自由填空"式的方法来构建愿景，可以帮助你明确以下问题：

- 希望改变哪些人的生活？
- 他们现在的生活是什么样子？
- 为什么现状是不可接受的？（请记住，也许事实并非如此）
- 何时可以确定愿景已经实现？
- 如何实现这一愿景？

让我们来看看该如何回答这些问题。

### 希望改变哪些人的生活

回答"哪些人"的问题是为了明确要影响的群体。回答应该尽可能地准确具体。例如，"消费者"或"企业"无疑过于宽泛。愿景涉及的群体必须与其他群体有所区别，你才能确切地发现他们遇到的问题。

在 Lijjat 的例子中，该组织并不试图改变所有女性的生活，而是特别关注那些没有受过教育、想要过上有尊严生活的女性的需求。

在回答这个问题时，不妨罗列出所有可能受到影响的群体，并将其按优先级排列。例如，亚马逊公司的电商业务主要服务于两类客户：购买商品的消费者和出售商品的商家。亚马逊公司的立场明确，优先考虑消费者而非商家——例如，在产生分歧的情况下，它通常会站在消费者一边。

对于这个问题的回答，会对最终结果甚至会对整体业务产生深远的影响。例如，如果 Lijjat 优先考虑消费者的需求（这也是一个有效的愿景），而不是让女性获得有尊严的生活，最终结果会截然不同。如今，Lijjat 衡量成功的标准是多少女性通过在该机构工作而获得经济独立。如果 Lijjat 的愿景是优先考虑消费者，它的衡量标准很可能是市场份额和消费者满意度。

这并不是说 Lijjat 认为市场份额或消费者满意度不重要。当然，如果 Lijjat 不能生产出优质的印度薄饼，其市场份额自然会大幅下降，也无法让更多女性实现自力更生的目标。

## 他们现在的生活是什么样子

你希望帮助一些人，不妨站在他们的角度，设身处地为他们着想，"他们现在面临的问题是什么？目标是什么？现状如何？"

大多数 Lijjat 的成员都来自贫困家庭，从小接受的教育就有限——大多数人在很小的时候就不得不辍学挣钱来增加家庭收入。最终导致她们成年后的工作前景堪忧。

在 2009 年，帕拉卡尔（Paradkat）被选为 Lijjat 的主席。她 10 岁的时候，父亲去世了，母亲成为 Lijjat 的一员，她也随之开启了在 Lijjat 的旅程。每天，帕拉卡尔、她的 3 个姐妹和母亲一起擀 65~75 磅[①]的薄饼才能勉强维持生计。

在 1971 年，她成为一名 Lijjat 正式会员，一边擀薄饼，一边继续她的学业。凭借在 Lijjat 的工作，她能够供两个儿子上学，他们现在都成立了各自的家庭，生活美满。类似的故事也时常发生在该机构的其他女性身上。

Lijjat 创始人想要解决的问题是，在一个男权社会，女性必须有自己的收入来源，否则她们没有话语权，也不能将收入直接用于子女教育。

### 为什么现状是不可接受的

下一个问题是为什么会产生这样的愿景。你已经清楚地提出了问题，但是为什么问题必须要得到解决呢？如果不解决会有什么后果？

---

[①] 1 磅约等于 0.45 千克。——编者注

在Lijjat的例子中,为什么现状是不可接受的?答案非常清楚:如果印度女性没有独立的经济权,让她们的孩子接受教育,许多类似的家庭将继续陷入贫穷的循环。

在创建愿景时,你必须持有开放的心态,接受另一种可能:也许现状并不需要改变。我们总习惯性地认为,颠覆是不可避免的,而且颠覆总能带来进步。风险投资家乔希·林克(Josh Linker)在其著作《再造之路》(The Road to Reinvention)中宣称:"要么颠覆,要么被颠覆。"[2]《哈佛商业评论》(Harvard Business Review)一篇题为《创新者的DNA》(The Innovator's DNA)的文章援引易贝公司(eBay)前首席执行官梅格·惠特曼(Meg Whiteman)的话,"创新者无法抑制改变现状带来的乐趣。他们不由自主地想办法推动变革,花了大量的时间思考如何改变世界。他们进行头脑风暴,喜欢问:'如果这么做,会发生什么?'"[3]但是,如果对最终目标缺乏认识,把现状搞得一团糟,导致产品以迭代为导向。然而,采用由愿景驱动的方法时,我们不会为了改变而改变,我们会问:"现状真的不能接受吗?"

在回答这个问题时,关键是要明白,虽然你可能认为现状是不可接受的,但受影响的人可能并不认同。以电动平衡车赛格威(Segway)为例。2001年,作为一种替代步行上班的交通工具,赛格威电动平衡车在美国广播公司(ABC)的《早安美国》(Good Morning America)节目中被强力推出。然而,其销售情况并不理想,因为大多数上班族都不会选择步行,少部分步行上班的人也已经习惯步行。赛格威带给我们的教训是，愿景可能对你有意义，然而它也必须对受影响的人也产生意义。

## 何时可以确定愿景已经实现

回答"何时"这个问题时，我们应该描绘出愿景的最终状态，绘制出其成功的样子。

我们很容易为愿景的最终状态添加一些美好的词。例如，Lijjat 所期望的最终状态可以被描述为"为女性赋能"——这句话很容易记住，也足够吸引眼球。但它没有告诉组织如何实现这一愿景，并留下许多未解答的问题。女性将以何种方式获得能力？Lijjat 的成员如何认识到自己已经成功地被赋予能力？在回答这些问题时，不妨为愿景的实现设置路标和路径，明确自己是否取得了进展，或者是否需要调整方向。

对 Lijjat 来说，理想的最终状态是让社会经济地位较低的女性可以获得稳定、有保障的生活，在家庭支出方面有更多的发言权，让她们的孩子接受教育，并帮助下一代摆脱贫困。

## 如何实现这一愿景

在回答"如何"的问题时，终于可以谈谈实现预期变革的产品、技术或方法了。Lijjat 带来改变的机制是其成员在家里为消费者制作高质量产品。Lijjat 从印度薄饼开始，后来扩展到其他产品，包括调味料和肥皂等。

在实现愿景的过程中时，可能会发现过程需要不断完善——事实上，这是为什么激进式产品思维将产品定义为一种不断改进的机制，以实现所期待的变革。

## 传播愿景

为了确保愿景落实到位，整个团队和组织需要了解愿景，并使其深入人心。尽管有45000名成员在家里制作薄饼，Lijjat仍然建立了良好的口碑，成为高质量的代名词。其实，薄饼的质量差异非常大。对Lijjat来说，为了兑现高质量的承诺，愿景必须被45000名成员接纳并认可。

按照激进式产品思维，愿景声明以"自由填空"的形式创建，在团队内部更容易被认可和接纳。在团队活动中，你可以用这种方法来打造团队愿景——这种形式可以专注于愿景内容而非遣词造句。举办工作坊时，我曾发现，即使是两人合伙的创业公司，对于"哪些人""是什么""为什么""何时""如何"等问题，创始人也可能有不同意见。只有把分歧开诚布公地说出来，才能在团队内部建立共同愿景。

在小组活动中，在白板上写出需要自由填写具体内容的愿景声明，并让所有人参与。让所有人都在便笺纸上写出"哪些人""是什么""为什么""何时""如何"等问题的答案，然后把便笺纸黏在白板的空白处。然后，不妨在房间里四处走动，分享答案，并讨论异同点，最终创造一个团队都认同的版本。借助了这样的辅助写作工具，打造共同愿景只需要一两个小时——从长远来看，团队对愿景细节达成共识所节省的时间更是不可估量。

一定要记住务必与团队定期重新审视愿景声明。关于"哪些人""是什么""为什么""何时""如何"的问题都是密切联系实际的，答案并非一成不变的。因为，你会发现市场随时都在变化，而"他们现在生活的样子"可能已经改变了。新冠病毒是市场变化的很好例证——你们着手解决的问题可能发生了微妙或更重大的变化。如果参与具体执行，你会感受更深，所以对"哪些人""是什么""为什么""何时""如何"这些问题的答案可能会发生变化。

整个团队务必定期回顾愿景声明。如果是成熟市场，可能需要6个月左右回顾一次。新兴市场或刚起步的公司，如果发现了市场的新事物，或者它发展得很快，你会发现每月回顾一次是很有必要的。

团队共同起草愿景，并定期回顾，确保团队中的每个人都能参与其中。但除了参与外，接纳和认可愿景还需要培养一种深刻的责任感——需要团队中的每个人都感受到现状的弊端，并力图改变。

Lijjat的成员均来自贫困家庭，经历过没有尊严的生活，但又无可奈何。因此，她们有一种共同的责任感，要改变同样处境的其他女性的生活。制作优质的薄饼是她们实现愿景的机制，因此她们努力把控产品质量。帕拉卡尔解释说："在制作的每一个阶段，姐妹们都非常注意保证高标准和合格的质量，任何不符合标准的薄饼都不会进入市场。"

Lijjat 的每一位成员都感受到愿景的力量，该组织为她的家庭创造更美好未来，这是认可该愿景的重要因素。如果愿景的影响不容易被理解，应该努力为团队成员创造机会来体验它。

阿卡迈（Akamai）是一家内容交付网络（CDN）和云服务提供商。当丹尼·卢因（Danny Lewin）与合伙人共同创办阿卡迈时，他有一个远大的愿景。但在创建阿卡迈的过程中，他没有将自己的愿景强加于团队，而是给人们机会去体验它，让他们认可和接纳。阿卡迈的首席产品安全官安迪·埃利斯（Andy Ellis）在 2019 年的一次采访中，与我分享了卢因是如何通过创造"愿景时刻"传播愿景的。

在 2000 年年末，卢因和埃利斯共同建立了阿卡迈的第一个安全内容交付网络（CDN），该网络是专为金融交易设计的。但当他们刚开始着手这个项目时，还没有弄清楚如何增强产品的安全性，以满足金融服务客户的需求。当时，埃利斯是该产品的首席架构师。"我必须要坦诚。尽管丹尼有一个宏大的愿景，我正在努力实现它，但我并不确信它能否实现。"埃利斯回忆道。

对于埃利斯，思想转变发生于一天清晨。那天一早，卢因请他向一家知名金融服务公司的负责人解释，为什么应该选择阿卡迈。埃利斯回忆当时的情形："当时我还没太睡醒，自己也不明白客户为什么要相信我们。当时，互联网泡沫已经破灭，资金和客户都在流失。看起来市场形势不太好。"

但埃利斯还是坚持在电话里向客户描述了产品，以及产品将如何帮助他们。"我说完后,电话那边一片沉寂……然后,我听到对方小声对同事说,'这比我们做得要好。'"那一瞬间,埃利斯称为"愿景时刻"。那一刻,他看到愿景对客户的影响,他从一个被要求帮助实现别人愿景的人变成了拥有愿景的人。

不到一年后,卢因死于美国"9·11"恐怖袭击——他在当天遇难。但埃利斯称,卢因的宝贵精神遗产保留了下来。"我继承了卢因留下来的珍贵的东西,并传递给其他人:这就是'愿景时刻',让他们看到愿景的力量。因为这样他们就会主动推动愿景的实现。"

埃利斯说:"这种思维帮助我们发展成了一家大型互联网服务公司,阿卡迈网络承载着全球 15%~30% 的互联网流量,其成功程度超出了我们 18 年前的预测。"

另一种方法也可以让团队成员体会到"愿景时刻":了解在现状中备受困扰的用户。为快速有效地让大家体会用户的困境,澳大利亚软件公司艾特莱森(Atlassian)经常制作视频来诠释团队愿景。在我们的交谈中,艾特莱森公司优秀的产品经理谢里夫·曼苏尔(Sherif Mansour)解释说:"视频反复播放用户正在被某个问题所困扰,以及我们也为用户设想解决方案。视频配画外音,让每个人对公司愿景都有一致的解读。"通过让员工亲眼看到用户的问题,公司可提供的解决方案,以及方案如何让用户的生活变得更好,你可以在整个公司营造类似的"愿景时刻"。

除了营造"愿景时刻",让所有人看到自己的贡献也很重要。将Lijjat的共同愿景转化为对每个成员的工作要求，是其运营模式成功的关键。例如，Lijjat的愿景是让女性经济独立，这意味着45000个成员都是该机构的平等所有者，她们平等分享利润。不妨想象一下，在一家律师事务所或咨询公司，45000名合伙人被要求平等分享利润，无论他们的资历如何。不可思议，对吧？然而，这种模式在Lijjat已经成功运行了60多年。这种平等的利润分配方案要求个人利益服从于愿景。

Lijjat誓约是将共同愿景转化为对个人愿景的有力武器。帕拉卡尔解释说："在誓约书上签字后，每个人都成了Lijjat成员和共同所有人。"誓词详细说明了成员同意承担的责任。例如，她们承诺每天擀出至少5千克的薄饼。它也描述了成员在分享利润时应有的心态："一家人坐在一起吃饭时，没有人会数自己吃了多少张烙饼。同样，我也不会在分享（利润）的时候计算这些。打消'我应该挣得更多'的想法，而是希望别人挣得不要比我少。"

每个成员都对共同愿景有清晰的认识。无论工作是揉面团、分配面团、擀薄饼还是运输，成员知道如何通过自己的行为和工作为共同愿景做贡献。这种方法在企业界同样适用。领导者有一个清晰的愿景，而所有的团队成员，无论是软件工程师还是客服代表，都在用自己的工作促成组织寻求的变革。

为了跨部门传播愿景，鼓励每个团队构建一个愿景，即如何通过团队工作为实现企业愿景做出贡献。一些具有激进式产品思维的人甚至选择以个人身份写一份愿景声明，以明确他们希望通过工作产生的影响。

## 第 3 章
愿景——展望变化

无论是否选择这样做,作为一名经理,你可以与团队中的每个人谈论他们的工作对愿景的影响。你可能会发现,有相似技能的人对于自身工作的影响可能有着非常不同的看法。

创建愿景驱动型的产品,我们需要有一个清晰的愿景。好的愿景就像路标,指引我们前行,告诉我们是否取得了进展,或者是否需要调整方向。愿景为我们设定了方向,所以产品迭代的成功不仅仅依赖财务指标来衡量,还要考虑是否实现了最初创建的愿景。

### 本章关键点

- 创建一个令人信服的愿景是为世界带来改变的第一步。
- 好的愿景应该具备以下特征:
  ◇ 愿景聚焦希望解决的问题。
  ◇ 愿景是一个可以在脑海中想象的具体状态。
  ◇ 愿景对你和你想影响的人都是有意义的。
- 可以使用"自由填空"的方法来构思一个好的愿景,避免因遣词造句而分心,将精力集中在小组活动中,回答以下核心问题,这些问题将帮助你发现和领悟对愿景的不同理解:
  ◇ 希望改变哪些人的生活?
  ◇ 他们现在的生活是什么样子?
  ◇ 为什么现状是不可接受的?

> ◇ 何时可以确定愿景已经实现？
> 
> ◇ 如何实现这一愿景？
> 
> 一旦有了清晰的愿景，是时候就愿景达成共识：
> 
> 使用激进的愿景声明模板，通过共同创建愿景来获得团队的支持。
> 
> 通过观察用户对现状的不满，以及解决方案如何改善现状，进而帮助团队内化愿景。
> 
> 通过让组织中的每个团队起草一份与组织愿景一致的愿景声明来培养团队长远的眼光。另外，你还可以明确个人对团队和组织的愿景做出的贡献。

# 第4章 产品策略——从"为什么"到"如何"

相信你已经非常清楚如何为企业创建愿景，现在需要制定相应的产品策略来实现愿景。下面关于小额信贷的实例说明了将愿景与产品策略相结合的重要性。

2006年，经济学家穆罕默德·尤努斯（Muhammad Yunus）及其创建的格莱珉银行（Grameen Bank）共同获得了诺贝尔和平奖。尤努斯的主要贡献在于开创了为了消除贫困而设立的小额贷款业务。但是，随着小额信贷业务在其他银行的商业化，近年来的研究显示，其经营状况喜忧参半。不仅接受小额信贷的比例低于预期，而且即使是已经获得贷款的穷人，也没有从根本上改变贫困状况。问题到底出在哪里？消除贫困的愿景是清晰明确的，但事实证明，发放小额信贷并不是实现这一愿景的正确方法。

小额信贷作为解决贫困的方法，其基本假设是，大多数穷人都是企业家。尤努斯认为大多数穷人迫切需要满足的痛点是缺乏小额创业启动资金，如果他们能够获得小额信贷，就可以创办小型企业。

其中不乏成功案例，一名妇女用一笔20美元的贷款，开办了一家制作藤篮的小企业，并将业务扩展到制作藤家具。似乎通过大规模推出小额信贷，我们可以让所有社区摆脱贫困。

13年后，2019年诺贝尔经济学奖颁给了经济学家埃丝特·迪弗洛（Esther Duflo）、阿比吉特·班纳吉（Abhijit Banerjee）和迈克尔·克雷默（Michael Kremer），鼓励他们在发展经济学领域的开创性研究。在《贫困经济学》一书中，他们表明，消除贫困的政策多年来屡遭失败，是因为政策制定者对贫困缺乏充分的理解。他们的研究表明，小额信贷关于贫困的核心假设是有缺陷的。[1]

用小额信贷来解决贫困问题时，假设大多数穷人都是企业家是不准确的。小额信贷只能满足有创业需求的人，但它不会成为解决贫困的通行办法。认为获得小额信贷是大多数穷人亟待解决的痛点，这一假设是有误的。

关于小额信贷的第二个主要假设是，通过对创业项目的投资，借款者可以提高收入。然而，正如一些创业公司取得成功而另一些没有，并不是所有的借款人都能从投资中获得回报。平均而言，小额信贷的影响力并不是颠覆性的。

此外，正如每一位创业者的切身体会，成为一名企业家需要投入大量时间和精力。迪弗洛和班纳吉的研究表明，那些用小额信贷投资创业的人花费了更多的时间。因此，即使业务进展顺利，借款人也没有时间做第二份工作。最终的结果是，平均而言，他们的净收入大致保持不变。

小额信贷并不能让穷人摆脱贫困，当它在格莱珉银行以外的地方商业化时，问题逐渐显现。许多社会企业家打着扶贫的旗号，将小额信贷视为积累个人财富的机会。例如，墨西哥的康帕多银行（Compartamos Banco，该银行是拉丁美洲小额信贷业务规模最大的银行）于2007年上市，印度SKS小额信贷公司在首次公开募股中筹集了3.58亿美元。

这些商业机构专注优化其财务指标，战略与执行逐渐脱离了小额信贷的最初愿景。当格莱珉银行为穷人提供小额信贷时，该组织花钱培训借款人，让他们了解相关金融知识和复利的影响。然而，将小额信贷商业化的商业机构则注重营销和贷款回收。[2] 如果没有金融知识，贷款人不明白复利的含义，往往不得不承担更多的债务来偿还现有贷款。一方面，企业将贷款偿还视为考核标准；另一方面，许多贷款人陷入了债务不断增加的恶性循环。

将小额信贷商业化的商业机构为了增加利润而提高贷款利率，造成了对小额信贷的致命一击。这一举措直接地改变了小额信贷的商业模式，使其与帮扶对象的利益直接冲突。高利率辜负了贷款人对这些商业机构的信任，甚至觉得是在利用他们，于是停止偿还贷款。高利率也导致了高利贷行业的繁荣，将小额信贷行业推向崩溃的边缘。[3] 尤努斯曾经把小额信贷视为解决贫困的办法，他也尖锐地批评了这种模式是从贫困中获利，而非解决贫困问题。

小额信贷的例子说明，即使是在一个激进的愿景推动下，产品也可能因缺乏相匹配的产品策略而误入歧途。

按照激进式产品思维，产品策略是对以下4个问题的回答，我们用便于记忆的首字母缩略词"RDCL"表示这4个问题：

1. 真正的痛点（real pain point）：哪些亟待解决的痛点促使用户使用你的产品或服务？在小额信贷的例子中，假定的痛点是，大多数穷人是需要启动资金创业的企业家。

2. 产品设计（design）：产品中设计的哪些功能可以解决痛点？小额信贷的设计是为了解决启动资金缺乏的痛点，这样贫困人口就可以摆脱贫困。迪弗洛和班纳吉指出，虽然小额信贷对一些企业家有帮助，但它并不是解决贫困问题的正确产品设计。他们用科学方法分析贫困问题，研究表明，真正的痛点和产品设计不能仅仅基于主观臆断的假设——假设必须在现实中得到验证。

3. 能力支持（capabilities）：为了实现解决方案的效果，需要提供哪些能力支持或设施？为了让小额信贷发挥作用，格莱珉银行为提升贷款人的金融素养进行了投入。然而，小额信贷商业化的商业机构则投资其他方面：营销和贷款催收。他们的产品设计与需解决的痛点并不一致，让小额信贷服务变得更糟。

4. 物流模式（logistics）：如何让用户接受解决方案？对格莱珉银行来说，将真正的痛点、产品设计和能力支持相结合，建立可持续的商业模式非常重要，因此它只收取较低的贷款利率，并让员工住在宿舍来保持低成本运营。然而，小额信贷商业化的商业机构提高了贷款利率，商业模式与愿景和产品策略脱节。

当真正的痛点、产品设计、能力支持和物流模式与愿景不一致时，就会像小额信贷一样，带来灾难性的后果。

# 第 4 章
产品策略——从"为什么"到"如何"

## 如何制定 RDCL 策略

好的产品策略必须全面解决 RDCL 问题，并且以现实为基础，验证假设正确与否。你可以使用图 4-1 中的 RDCL 策略，并遵循 4 个步骤来记录自己对这些问题的回答。

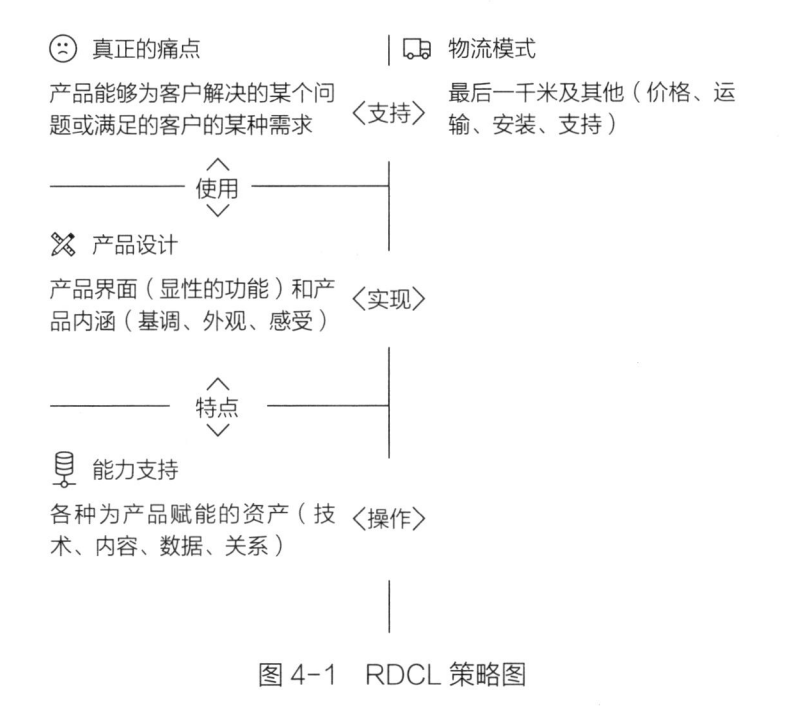

真正的痛点
产品能够为客户解决的某个问题或满足的客户的某种需求

〈支持〉

物流模式
最后一千米及其他（价格、运输、安装、支持）

〈使用〉

产品设计
产品界面（显性的功能）和产品内涵（基调、外观、感受）

〈实现〉

〈特点〉

能力支持
各种为产品赋能的资产（技术、内容、数据、关系）

〈操作〉

图 4-1 RDCL 策略图

### 步骤 1：发现用户真正的痛点

通过产品实现预想的改变，一定要有用户使用这些产品。继而，产品设计者需要深入了解谁在选择使用这些产品，产品能够解决哪些痛点。

回顾 Lijjat 的案例，我们发现该组织让 45000 名女性经济独立，因为创始人深刻理解这些女性群体，了解她们的真实状况——感知她们真正的痛点，并为她们带来力量。

为了解决用户真正的痛点，你需要首先确定谁会使用产品，让他们了解产品可以解决哪些痛点，产品能帮他们实现什么。

Lijjat 的创始人从未想过为所有女性带来力量。它们只针对低收入家庭中希望自食其力，但由于缺乏教育而就业前景暗淡的女性。这些女性大多生活在根深蒂固的父权制社会中，被要求待在家里，照顾孩子和与她们同住的年迈父母。她们只有在家庭允许的情况下才能工作，而且前提是能够在家工作，并履行家庭照顾义务。Lijjat 之所以能够改变这么多女性的生活，是因为其运作模式是基于对这些真正痛点的深刻感知。

如果客户是机构，该如何确定目标客户？首先，详细描述目标客户以及他们的痛点。例如，亚娜·高比托娃（Jana Gombitova）是非营利性技术和数据公司奥克瓦（Akvo）的产品经理。在与她的交谈中，她表示公司原本将目标客户群定为信息技术部门经理。然而，在了解激进的产品思维后，她将目标客户群更精准地界定为"政府和非政府组织的信息技术部门经理"。这些机构一般地处偏远，其部门经理往往会利用数据做出决策，但在数据分析方面，常常缺乏专业知识。

人们普遍倾向于把目标客户群定义得很宽泛。但是，声

# 第 4 章
产品策略——从"为什么"到"如何"

称包治百病的药,往往连一种病都治不好。创始人往往担心,对目标客户过于细分,会限制潜在的市场规模。这种担心是可以理解的——考虑未来的发展路径很重要。但是,如果产品无法被目标精准的客户群所接受,那么精心筹划的未来也毫无意义。

在界定目标客户群和他们的痛点时,验证痛点是否真实存在是重要一步。痛点必须经过验证,并被证明是真实存在的。小额信贷之所以出问题,是因为努力解决的痛点没有得到验证。不经过验证的痛点,其产品策略就像空中楼阁。

为了验证痛点的真实性,必须对痛点进行价值评估和有效性验证。下面是一个便于记忆的公式:

$$真实有效 = 有价值 + 已验证$$

如果痛点的确有价值,就意味着用户愿意放弃一些东西来换取痛点的解决,比如支付费用。即使是社交媒体这样看似免费的产品,用户其实也是放弃了隐私和时间来换取使用的。

如果痛点没有价值,产品就很难赢利。在初创公司中,非常流行一句话:"首先要吸引眼球,然后考虑赢利。"下面的例子说明了忽略痛点是否有价值的做法,给企业带来的内部风险。

成立于 2012 年的博客平台 Medium 在 8 年的时间里筹集了 1.32 亿美元的风险投资。然而,谁为该在线内容发布平台的优质内容付费一直不明确。该平台最初的访问量增长是由作家、记者创作的优质内容推动的,他们的收入来自 Medium 的专用基金。然而,这显然不是一个长久的方法,于是在基于广告的商业模式进行了几次失败的尝试后,该公司最终决定转向付费订阅模式,向用户每月收取 5 美元的订阅费。然而,Medium 从来没有向用户验证过这些"经过深入研究的分析类文章、发人深省的观点和有用的知识"是否有足够的价值,让他们愿意付费阅读。[4] 2019 年,尼曼实验室(Nieman Lab)的一篇文章将 Medium 成立的前 7 年描述为"不断变换公司战略"和"数字出版业的无休止的实验"。换句话说,Medium 患上了战略调整症。[5] 直到 2020 年,Medium 仍然没有实现赢利。

除了要有价值,要真实,痛点必须要验证其有效性。观察:其他人是否也有类似痛点,还是凭主观想象认为客户也有这种需求?如果是你个人的痛点,验证其有效性就更为重要——如果你自己的皮肤痒,你自然有想去抓挠的意愿,但其他人未必有同样的感受!

杰里米·克里格尔(Jeremy Kriegel)是一名用户体验(User Experience,UX)设计师,我曾多次与他合作。他曾经与我分享他在一家医疗初创公司的经历。公司创始人是一名医生,他确信自己开发的病历记录方案是医生们急需的。毕竟,他自己就是个医生。但是,在观察其他医生之后,他才意识到自己的痛点和别人的不一样。克里格尔分享了经验:"为了验证痛点的有效性,你必须从怀疑开始,也许对用户需求的理解是错误的。"勇于质疑正是科学研究的基础。

埃丝特·迪弗洛和阿比吉特·班纳吉发现,政府和非政府组织往往对贫困的假设非常确信,以至于他们忽略了科学地检验这些假设。小额信贷也落入了同样的陷阱。关于如何采访和观察用户，可以参考史蒂芬·波尔蒂加尔（Steve Portigal）的《采访用户》和埃里克·霍尔（Erika Hall）的《足够多的研究》，这两本书提供了研究用户的实践技巧。

一旦确定了目标客户群和他们的痛点，就应对这些痛点按照优先级排序。开发一款新产品时，特别是极具创新性的产品，试图满足不同的客户群体的需求会耗尽资源，延缓实现愿景的进程。你不可能一夜之间解决所有的痛点：承认这一点并对痛点进行优先级排序，从而为团队提供具有可行性的产品策略。

## 步骤2：设计激进的产品

设计产品的目的是帮助用户解决痛点。设计产品时，我们要回答以下问题：客户目前使用哪些产品解决其痛点？客户使用你的产品时感觉如何？

自从史蒂夫·乔布斯的名言"设计不只是外观，还是设计产品如何工作"广为流传，设计在产品策略中扮演着越来越重要的角色。然而，除了一些基本原则外，很难说什么是"好"的产品设计。[6]经过客户使用后，评价产品设计非常容易：客户是否能够轻松使用产品？产品否让客户满意？然而，在设计初期，这些问题毫无益处。

激进式产品思维直截了当地给出了答案："好"的设计是适合并推进整体产品策略的设计。探讨如何"设计"产品的时候，我们谈论的是打造产品独特的使用方式（产品接口）以及用户如何看待产品（产品形象）。

接口设计（Interface design）是向用户展示产品深层能力的方式。它与某种可实现的功能（如数据、专业知识或算法）相结合时，接口的设计往往就是产品特色。

Lijjat品牌的一大特色是，妇女们在家里擀薄饼。如果必须到工厂工作，她们将无法履行照顾家庭的职责，家人也不会支持她们。如果没有在家工作的特色，该组织很难聘用女性员工。

该品牌的另一个关键特色是，妇女能因为擀制的薄饼而获得报酬——她们能够通过贡献家庭收入进而影响日常支出，自信地将家庭收入用于子女教育，并拥有了家庭话语权。这些特色反映了该品牌对真实痛点的深刻认识。

我们习惯性地认为产品接口是指产品给客户带来的视觉感受。但是用户还可能用多种不同的方式接触产品。例如，你去银行存钱，首先体验到的是场所接口，即排队等待的空间场所，与银行柜员交流体验的是服务接口，填写纸质存款单则是体验信息接口。

为了找到产品与用户的所有交互接口，首先要了解用户的动机和目的。哪些特色可以支持用户实现目标？

在解答以上问题时，不要受产品使用现状的局限。例如，如果客户的动机是将钱存入账户，只关注现状的银行可能会努力改造等待区，在等待区添加座椅，让客户舒适地等候。然而，关注用户动机会让我们重新思考产品设计，不妨问一问：

**第 4 章**
产品策略——从"为什么"到"如何"

"如何更高效地让客户把钱存入银行？"在本例中，银行可以开发一款手机应用程序，让客户可以在家中完成存款。

除考虑用户如何与产品互动之外，在设计产品时，我们还必须考虑用户如何看待产品，以及产品带给他们的感觉。

产品的外观常常被认为与解决问题无关。事实上，产品的视觉、声音和整体感觉会对产品的使用产生巨大的影响：调查机构尼尔森诺曼集团（Nielsen Norman Group）的用户体验研究人员发现，外观漂亮的产品往往更受欢迎。[7]

除考虑美学之外，让产品的声音和基调符合客户的期望也是非常重要的。这将极大地影响品牌的受欢迎程度，影响客户的购买决策和日常使用，这一点与外观设计一样。[8]

产品设计并不意味着只追求形式而不注重功能。为了产生最大的影响力，产品设计应该考虑用户、潜在用户和消费者的心理——社会的、情感的甚至非理性的。

Lijjat 在设计产品形象时，考虑到成员希望被社会认可。除了过上有尊严的生活，姐妹们还希望感受到作为一名社会成员的独立和被重视。因此，Lijjat 为成员制订了教育计划，教她们识字、让她们学习基本的财务技能等。这些计划旨在满足她们对独立社会身份的追求，使她们教育子女时，不会感到落伍。

确定产品形象时，首先从产品的真正痛点出发，认真思考以下问题：

● 面对未被满足的痛点时，客户有怎样的感受？

● 鉴于以上客户的想法，使用你的产品时，你希望用户有什么样的感受？

● 如何利用视觉、音频、文本或其他体验元素来实现这些理想的目标？[9]

为产品设计"正确"的产品接口和产品形象是一项战略任务。应该把实际的设计工作交给专业设计师，同时为他们提供正确的战略指导，创造出一款有效解决用户痛点的畅销产品。

## 步骤3：明确你的能力

RDCL策略中的能力是指"如何实现产品的设计承诺"。你可以把产品设计想象成汽车车身——形式和功能的结合。设计包括独特的外观和外部曲线，还包括功能——车座数量、座椅的光泽度，以及后排空间大小。设计决定了如何驾驶这辆汽车，而能力是隐藏在车体内的：包括引擎、汽车电子和一切为汽车赋能的设备和技术。

如果有融资的经历，你一定知道投资者经常问："为什么你们是这个解决方案的最佳人选？"本质上，他们是在问你具备哪些能力。能力是组织中有的（或有待开发的）为产品设计赋能的特殊工具。

能力可以是有形的，体现在数据、技术、架构和基础设施方面等；也可以是无形的，体现在客户关系、合伙关系和工

# 第 4 章
产品策略——从"为什么"到"如何"

作流程方面等。

以下是关于有形能力（tangible capability）的实例。美国奈飞公司（Netflix）拥有的收视率数据，为该公司的推荐算法提供了数据支持。而竞争对手没有足够多的收视率数据，无法实现奈飞公司的精准推荐。

奈飞成立之初是一家 DVD 租赁公司。它早期成功的关键是把传统的 DVD 租赁业务转移到线上，发展订阅用户，用户支付订阅费后，得到免费邮寄的 DVD。向客户邮寄 DVD 的标志性红色信封也是奈飞的特色。这个设计简单、看起来不起眼的红色信封，却是奈飞早期最具代表的专利之一，它实现了公司的产品设计，为消费者邮寄和返还 DVD 提供了有效方法。[10]

邮局通常需要在一小时内，在变形的金属桶中处理 4 万个标准尺寸的信件，并盖上邮戳——这种"暴力"操作很容易损坏 DVD。然而，如果信件被归为"平面邮件"就可以被特殊处理。

获得专利的红色信封是奈飞开发的一种有形能力，以普通信件的价格邮寄 DVD，并被归为"平面邮件"。

产品设计还可以由无形能力（如信任或关系）赋能。爱彼迎公司（Airbnb）刚成立的时候，创始人意识到，要实现产品设计的承诺（提供或租赁短期住宿的在线平台），首先租客和房东都要信任这个平台。消费者普遍习惯于在订房前看评论。但爱彼迎公司在成立之初，用户量很少，因此评论也很少，许多用户不愿意主动尝试。

为了打破这种循环，爱彼迎公司借助了无形的能力：爱彼迎公司的员工亲自访问平台上短期出租的房屋，拍摄优质的照片验证房源，从而让租客信任网站上的房源。从长远来看，这是不可持续的，但这是一种策略，目的是增加客户对平台的信任，直到客户评论机制建立，并能够良性循环。

能力就像汽车引擎，隐藏在车盖下，为设计赋能。开车的时候，你享受乘坐的舒适，超低音的音响，以及寒冷夜晚的座椅加热。但你很少会想到车盖下的构造——除非车出现故障。

产品设计应该把能力抽象化，用户可以通过接口享受产品带来的体验和感受，而不必担心车前盖下面的构造。

## 步骤4：明确物流方式

物流就是客户获取产品的方式——也就是产品通向客户的路径。也就是说，我们要了解客户对物流的感受。产品的传统定义是实物产品或服务产品，这常常让我们忽视产品策略中的物流。当产品被定义为实物产品或数字产品时，我们只专注产品本身——产品的多方面体验元素，如安装、定价，技术支持都未加以仔细思考。

假设你正在建造一栋房子，成本和维修是设计中不可或缺的部分，但是，其他因素也必须要考虑。例如，有孩子的家庭不会选用白色的地毯来装饰家里。再比如，你正在装修一间准备出租的房子，自然会选择与自住不同的家用电器。产品的

# 第4章
产品策略——从"为什么"到"如何"

定价策略、技术支持、技术培训、设备维护等都是全面产品策略的一部分，它们会影响你的决策。

以下是关于产品物流模式，你应该思考的问题：

- 产品以何种方式到达客户手中？通过什么渠道销售？
- 用户通过哪个平台了解你的产品？例如，平面媒体、手机应用，还是他们经常访问的网页？
- 用户需要产品培训吗？如果用户有问题，你该如何支持他们？
- 产品的定价模式和商业模式分别是什么？

重要的是，物流模式必须与客户真正的痛点相协同。许多公司试图采用对自己有利的定价策略或送货方式，即使它们并不适合特定的产品或客户。例如，订阅模式带来的持续收入使公司倾向于将订阅模式用于每一款产品，甚至是一次性支付的产品也被添加了一些不必要的功能，以便订阅。

汁思奥（Juicero）智能榨汁机的例子恰好说明了其中的风险。消费者普遍认为榨汁机是一次性购买的厨房电器。然而，由于公司对订阅模式的执着，汁思奥榨汁机必须要与配套的、价格不菲的果蔬包一起使用，用户只有通过订阅方式购买配套的果蔬包，才能使用该榨汁机。这种模式毫无疑问会失败，而油管（YouTube）上一段广为流传的视频加速了它的退出。这段视频显示，徒手挤这些果蔬包竟然比榨汁机榨得更好、更快。[11]

战略性地利用物流模式可以帮助产品从众多竞争对手中脱颖而出。产品从初创、开发到物流模式都应该被重点考虑。与一线销售和营销团队一起明确物流元素，是将产品策略与市场计划相协同的好方法。

## 迭代的作用

RDCL 产品策略不是迭代主导的，通过优化财务指标来实现局部利益最大化，而是将迭代锁定在用户的真正痛点、解决方案以及商业模型上，保持愿景驱动。

21 世纪的前 10 年，经济空前繁荣，充裕的信贷资金导致了企业对迭代的过度依赖。曾经，资金的充裕让我们在缺乏全面战略的情况下不断尝试，通过市场反馈摸索 RDCL 策略相关问题的答案。但是现在你已经理解了 RDCL 策略的重要性，明白了仅通过迭代很难得到正确答案。

通过思考 RDCL 策略的 4 个问题，并观察客户、与用户交谈来验证假设，你可以更有效地进行迭代。在制定 RDCL 策略时，不要期望一次就能得到全部的答案，而是要在研究的基础上，先开展下一步的举措，并通过市场不断测试产品策略。

这正是需要迭代的地方。你可以不断迭代 RDCL 产品策略。在执行和评估过程中，测试产品设计在解决痛点方面的情况。改善能力，努力优化产品设计，通过物流，改进向客户交付解决方案的方式。还要定期回顾 RDCL 产品策略，根据迭代所获得的反馈更新它。RDCL 产品策略是远景和商业战略活动之间的桥梁。

在下一章中，我们将学习如何用与愿景相协同的方式对商业战略活动进行优先级排序。你可以在组织中广泛地使用这种方法，平衡长期愿景与短期业务需求的现实。

> **本章关键点**
>
> - 产品策略是将愿景转化为一个可行的计划。
> - 全面的产品策略回答了以下 RDCL 策略的 4 个问题：
>
>   1. 真正的痛点：是什么痛点促使用户使用你的产品？记住，痛点只有在经过验证后才真实有效：真实有效 = 有价值 + 已验证。
>   2. 产品设计：产品中有哪些功能可以解决这个问题？产品设计意味着产品接口（产品独特的使用方式）和产品形象（用户如何看待产品）。
>   3. 能力支持：为了实现设计方案，你需要具备哪些能力或基础设施？能力可以是有形的（如数据、知识产权、合同、人才），也可以是无形的（如客户关系、合作关系、信任）。
>   4. 物流模式：如何将解决方案呈现给用户？如何给产品定价，并做产品支持？物流往往是产品策略的一个要素，在用户使用后才被关注到。

**产品至上**
如何通过产品改变世界

> 物流应该与收入成本、产品培训和技术支持一起，在产品开发时加以考虑。
>
> - 可以使用迭代来测试和完善 RDCL 产品策略。

# 第5章　优先级——在"原力"中注入平衡

现在，相信你的脑海里已经有了清晰的企业愿景和产品策略。本章涉及的优先级指导我们进一步将愿景融入日常决策。

以往，你一直凭直觉平衡长期目标和短期需求，并做出日常决策。如果一味地追求长期目标，不考虑生存现实，企业可能无法坚持到愿景实现那一天。另外，如果缺乏明确的长期目标，企业短期目标通常是赢利能力和商业需求，它们成为企业的唯一关注点。然而，构建由愿景驱动的产品既要考虑向愿景迈进的步伐，又要考虑企业的生存实际。

在工作中，你可能已经逐渐形成了一种直觉，经过多年的历练，在不断试错中学习，摸索出一种平衡。用《星球大战》这部电影做类比，经过多年磨炼，你学会了使用"原力"。然而，正如这部电影中，只有少部分人会使用"原力"，在企业界似乎只有少数人掌握这种直觉。没有这种直觉的人很难做决定，也不敢尝试新事物——他们必须等待有直觉的人来指导。但是，如果每个人都能掌握它，权衡利弊的决策不是落在少数人身上，公司才能更有效率。事实证明，我们每个人体内都潜藏着这种直觉——只是我们需要学会如何使用它。

培养这种直觉不仅仅是锦上添花，它对于构建由愿景驱动的产品至关重要。每个人都有自己的日常工作，为公司愿景做贡献，也都需要学会在长期和短期目标之间做出权衡。例如，软件开发工程师可以花时间认真地开发新软件，也可以快速编写代码，在短期内交付任务，再进行整体修改。构建由愿景驱动的产品依靠每个员工做出正确的权衡。

通过培养员工对权衡利弊并做出决策的直觉，在整个组织中贯彻这种想法。采用这种方法后，你不必再事无巨细，因为即使你不在场，也可以把决策权放心交给员工。

激进式产品思维提倡优先级与决策权相互协同，给团队和个人更多的决策自主权。研究表明，与传统公司相比，员工自主权高的公司短期取得成功的可能性要高 10 倍；长期取得成功的可能性要高 20 倍。[1]

本章将介绍一个功能强大的愿景－生存矩阵图，帮助你将愿景融入日常决策中，并为团队做出正确权衡建立共同的直觉。

## 在脑海中绘制出可能遇到的利弊决策

凭直觉来确定优先级并做出商业决策，实际上是在向愿景迈进（有利于实现愿景）和减少短期风险（有利于短期生存）之间进行权衡。图 5-1 的象限图形象地展示出你可能遇到的利弊决策。

当然，在理想情况下，企业所做的每件事都有利于愿景

**第 5 章**
优先级——在"原力"中注入平衡

实现，同时也帮助企业生存。然而，在现实中，决策和优先级的方方面面都是理想和现实的权衡。下面是不同情况下的利弊权衡：

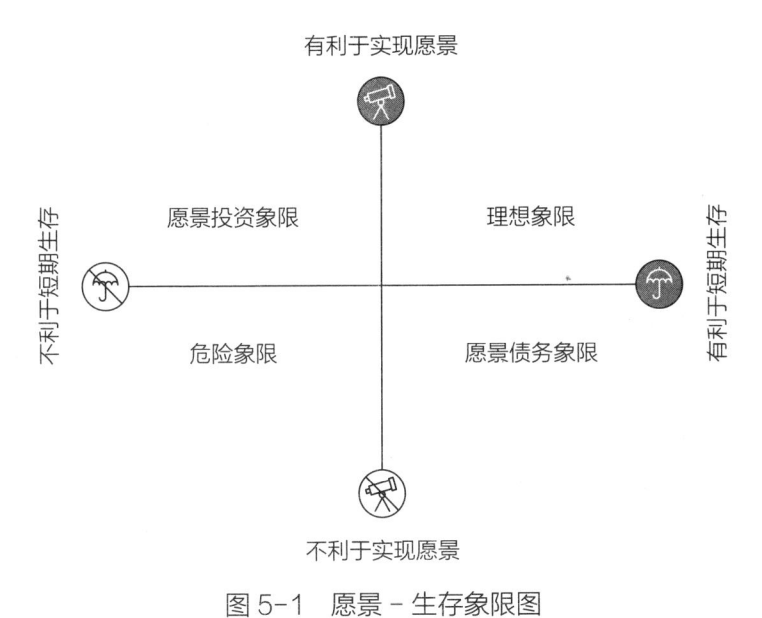

图 5-1　愿景 - 生存象限图

（象限图内容：纵轴上方"有利于实现愿景"，下方"不利于实现愿景"；横轴左侧"不利于短期生存"，右侧"有利于短期生存"。四个象限分别为：左上"愿景投资象限"，右上"理想象限"，左下"危险象限"，右下"愿景债务象限"。）

● 理想象限：右上象限是既有助于愿景实现，提升企业生存现状，还可以降低风险的项目。这类项目都非常容易做出决策。但只关注"理想象限"的项目意味着持续关注眼前利益。

● 愿景投资象限：为了稳步实现公司愿景，你还需要在"愿景投资象限"中精挑细选。一般来说，这些都是能带来长期利益，但会在短期内增加企业风险的项目。

- 愿景债务象限：偶尔你需要承接一些此类项目，这些项目可以降低短期财务风险，但并不利于公司长远发展；追求这些短期目标会欠下"愿景债务"。你必须非常小心地承担这些愿景债务，因为承担太多愿景债务将背离产品原本秉承的理念。

- 危险象限：左下象限的项目与愿景极不相符，还有额外的风险。除非这些项目能够开启未来重大商机，否则没有必要选择它们。

在企业遇到的各种情况中，理想象限和危险象限中的项目是最容易抉择的。艰难的决定发生在愿景投资象限和愿景债务象限中。构建由愿景驱动的产品，我们应该更多地选择理想象限和愿景投资象限中的项目，同时尽量避开愿景债务象限和危险象限。

## 正确管理愿景债务

迫于资金压力，有时我们不得不暂时搁置愿景，欠下了愿景债务。如果你从事科技工作，一定熟悉相应的技术术语：技术债务。技术债务会导致软件漏洞和代码出错。同样，积累过多的愿景债务会让客户困惑，团队士气低落，产品缺乏方向。

如果你有以下一种或多种行为时，就是在不断积累愿景债务：

## 第 5 章
优先级——在"原力"中注入平衡

- 为每个客户构建独特的、定制的解决方案。
- 单纯为了销售业绩,为产品设计并添加一些不常用的功能。
- 在产品的核心部件中,使用竞争对手的技术、内容或数据。
- 以牺牲用户隐私和利益为代价,开发增加收入的产品功能。

以上这些都是商业机会,能让企业快速进入市场、达成交易并增加收入,但也会让你远离愿景。当然,如果企业需要资金周转,追求短期目标是不可避免的。切记要定期追踪产生愿景债务的项目,与团队一起制订计划,在今后的企业发展路径中及时偿还。

但是千万要小心。如同任何债务一样,愿景债务也是复利增长的。产品发展偏离愿景的时间越长,就越难让管理层和团队团结一致,重新回到奔赴愿景的道路。

一旦选择暂时欠下愿景债务,就必须向团队公开承认这一事实,并告知其背后的长期战略思考。因为团队很快就会意识到产品正在偏离一直以来所认同的愿景。通过承认欠下愿景债务,并明确偿还计划,可以减少团队对愿景的质疑,树立对愿景的信心。

尼迪·阿加瓦尔是 QwikLABS 的创始人,也是激进式产品思维的联合创始人之一。在创业初期,她选择暂时欠下愿景债务,这个项目让她成功地积累了一批长期客户。成立之初,该云学习平台为想要熟悉云环境，以及在云环境编写应用程序的人提供教学。两年后，QwikLABS最大客户给阿加瓦尔打来电话，希望QwikLABS专门为自己开发教学平台。

　　成为一家专业服务公司并不符合QwikLABS的愿景，但这个项目有助于公司短期发展和业绩增长。经过多次讨论，QwikLABS领导团队决定暂时欠下愿景债务，委派几个开发人员专门为大客户创建内容和功能。一般来说，这种做法会让企业患上产品疾病——业绩压力导致的功能失调，但阿加瓦尔和高管们向团队坦诚地承认这是偏离愿景的短期做法。最重要的是，他们同时公布了回归常规的时间表，确保团队将其视为暂时但必要的迂回战术，不是自上而下对愿景失去信心。

## 为愿景投资

　　为愿景投入资金和精力，是向团队表明你对愿景的重视。愿景会影响决策，为了让团队成员接受愿景，你需要带头为愿景做投资。

　　以下一种或多种行为都是在为愿景投资：

　　● 投入时间偿还欠下的技术债务：偿还技术债务意味着产品在短期内无法增添新功能，但从长远来看，它为产品提供了一个更强大的技术基础，更好地、更持续地增加产品功能。

　　● 投入时间和精力做客户研究：投入时间和精力研究用户不会立即产生明显的效果，但从长期来看，可以创造出更好的产品。

- 研发投入：研发不会马上帮你解决棘手的问题，但研发一定要持续投入，否则领先地位最终会被削弱。

这些行为都会增加朝着愿景迈进的机会，但它们并不能在短期内帮你改善生存状况。企业应该根据生存风险，评估当下为愿景投入的资金和精力。

## 明确企业生存现状

通过愿景-生存象限图，激进的愿景为我们提供了长期、清晰的发展方向。同样，你会发现，明确生存的定义可以让你对企业面临的最大短期风险与团队达成共识。明确这一定义，不依赖于直觉，有助于确保每个员工都与最终目标保持协同，帮助企业渡过暂时遇到的难关，从而有足够长的生命期来实现目标。

生存就是要识别并降低导致破产的最大风险。生存风险会随着时间的推移而变化，但通常可以归为图5-2中所示的5类风险。

技术或运营风险是指企业缺乏核心技术，或者遇到运营问题（如扩大规模）的风险。法律或监管风险可能导致公司被起诉，从而由于法律问题而停业。如果在核心人员离职后，公司无法持续经营，你面临的是人员风险。如果你是一家初创公司的创始人，遇到的最大的风险通常是资金流断裂，也就是金

技术或运营风险　　　法律或监管风险　　　金融风险

人员风险　　　利益相关者风险

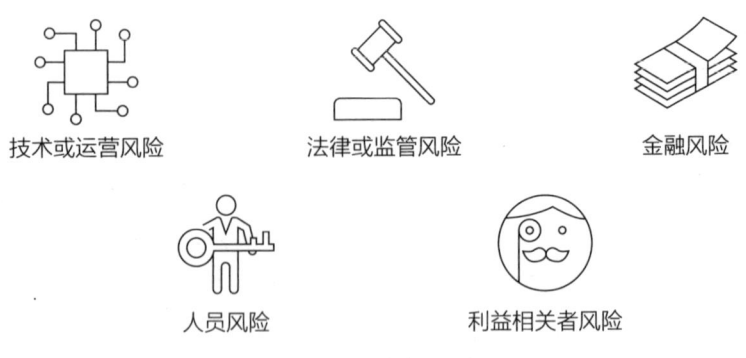

图 5-2　生存风险

融风险。另外，在大公司，即使产品在赔钱，公司通常也有能力从储备资金或赢利的业务中调用资金，继续支付工资和货款。这时，最大的风险可能来自一个强势、对你缺乏信心的高管，他随时可能撤掉你的产品，也就是利益相关者风险。

尽管所有风险都应该被重视，但并不是所有风险都会同时发生，你必须机敏如羚羊，保证能快速地避开风险。

通过写企业生存状况声明，明确企业目前面临的最大风险——用一两句话说明产品遇到的最严重和最紧急的危险。生存状况声明的格式与愿景声明类似。

利用下面的"自由填空"模板，通过小组活动，带领团队成员共同撰写企业生存状况声明：

▶▶ ────

目前，产品遇到的最大风险就是（某个最大的风险）。

如果这种情况的确发生，我们将无法继续运营，因为（风险产生的后果）。

如果（某项增加或放大风险的因素发生），这种风险很有可能变成现实。

能够帮助我们降低这种风险的因素是（某些降低或者减轻风险的因素）。

## 企业生存状况声明的实例

2011年，我成立了初创公司Likelii，并在2014年将其出售。当时，我们无法向外界筹集到额外资金，也就是说我们不得不面临金融风险。以下是Likelii当时的生存状况声明：

目前，产品遇到的最大风险是（无法筹集到风险投资）。

如果这种情况的确发生，我们将无法继续运营，因为（我们将无法继续支付工资）。

如果（我们无法通过用户增长来证明企业的成长性），这种风险很可能会成为现实。

能够帮助我们降低这种风险的因素是（在未来6个月内，努力拓展客户，在资金用尽前获得融资）。

大公司的生存状况声明会有所不同。我曾经在一家大型企业工作，客户都是有线电视公司。我们的产品解决了客户痛点，比市场上的其他产品更简单、更快捷。它有效地取代了现有产品，让用户不用再手忙脚乱地应对多种工具和产品界面，产品在市场上迅速被接受。

后来，这家公司被一家更大的企业收购，母公司在产品线中有一款类似的产品，尽管使用起来不够便捷。然而，在母公司内部，有一大批顽固保守的人倾向于采用原有的解决方案。

我当时负责产品管理，以下是当时产品的生存状况声明：

>> 

目前，产品遇到的最大风险是（失去高管对产品的支持）。

如果这种情况的确发生，我们将无法继续运营，因为（当预算花完，我们的团队将被分配到其他项目组）。

如果（高管不重视产品的便捷和快速，而我们没有通过销售收入增加积累足够的资本），这种风险很可能会成为现实。

帮助我们降低这种风险的因素是（与收购公司的高管建立良好关系，在销售增长的同时，争取获得他们的支持）。

写生存状况声明，首先确定企业面临的风险（技术或运营风险、法律或监管风险、金融风险、人员风险、利益相关者风险）。然后，根据情况，从这些风险中选择一两种最棘手的。

一旦确定了最大风险，思考这个风险引发的最严重后果。如果风险真的发生了，会发生什么呢？如果我们处于创业阶段，没有筹集到资金，就不能继续能给员工发工资，也就毁掉了我们的产品。在大公司里，如果一个持怀疑态度的高管决定终止合作，我们将不再有资源继续开发产品。不断问自己"如果风险发生，会怎么样呢"，直到找到最严重的后果。

接下来，想想如何降低可能遇到的最大风险。初创公司成立之初，你可以通过展示具体的财务指标让投资者相信你是值得投资的，从而降低风险。在一个大公司中，如果最大风险是失去利益相关者的支持，那么你要分析导致失去支持的原因，并思考如何预防它。

## 愿景 – 生存象限图的实际案例

使用愿景 – 生存象限图的方法来确定优先级，有助于简化关于优先级的讨论，它也是一种实用的交流工具。非营利性公共艺术机构大道景观（Avenue Concept）利用象限图，与董事会和团队共同制定了 3 年战略规划。

该组织——尤其是在执行董事亚罗·索恩（Yarrow Thorne）的带领下——完成了一系列重要公共艺术品安装，包括雕塑和壁画，为美国罗得岛州普罗维登斯市的艺术基础设施奠定了基础。随后，人们逐渐意识到大道景观团队有能力在短时间内迅速、高效地完成公共艺术品安装，其他组织甚至个人开始纷纷向它抛出橄榄枝，邀请它参与新的项目。

项目的增多让大道景观团队成员感到力不从心，担心组织会患上战略肥胖症。他们意识到需要有效利用资源，发挥其最大影响力。于是，团队决定使用象限图来确定战略举措的优先级，并与董事会分享，合理地规划预算和使用资源。大道景观首先定义了象限图的横轴和纵轴：

- 愿景（纵轴）：大道景观的愿景是提升公众对艺术的欣赏品位，产生积极的社会影响。
- 生存（横轴）：对大道景观来说，和许多非营利组织或初创企业一样，生存被定义为获得持续的资金支持。

定义了这些概念后，大道景观团队评估了目前面临的机会，并将其划分为如图5-3所示的4个象限：

- 理想象限：对大道景观来说，雕塑和壁画项目有利于愿景实现——成效是显而易见的，提升了公众对艺术的品位。因为大道景观的执行董事已经建立了成熟的商业模式，团队得心应手地获得并安装公共艺术品，这些项目应该归为理想象限。但是只关注处于理想象限的商业机会无疑是目光短浅的。
- 愿景投资象限：为了逐步实现长期愿景，大道景观正有选择地挑选愿景投资象限的项目。大道景观的"公共艺术品基础设施项目"为艺术品安装了照明设备。灯光提高了艺术品在夜晚的可观赏性，将艺术氛围带入夜晚，因此，该项目位于矩阵的上半区，有利于愿景实现。但在生存轴上，开发类似的项目是需要投入大量资源的，所以它带来了更高的财务风险。大道景观使用象限图向董事会说明，这一象限的项目增加了该机构的筹款需求，希望团队在这个象限中有选择地挑选项目。

- 愿景债务象限：油漆吧项目（大道景观为当地艺术家设计的油漆店和工作室）是大道景观经过审慎思考后承担的愿景债务。油漆吧项目虽然属于愿景债务象限，但它的营业收入可以抵消一些融资需求，帮助组织迈向下一个里程碑。油漆吧并没有直接帮助实现愿景，但它通过销售油漆带来了可观的收入。它使大道景观的壁画项目更具可持续性，促进了与当地艺术家的沟通交流。

- 危险象限：大道景观没有进入危险象限的项目。

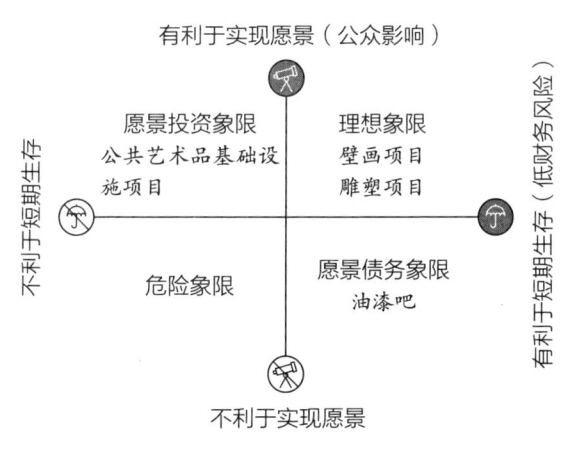

图 5-3　大道景观的愿景－生存象限图

大道景观公共艺术机构使用这个象限图，向董事会和团队阐述了其战略计划和选择项目的原则，以及这些项目如何帮助实现愿景。

同样地，作为公司管理层，你可以利用象限图评估战略举措，并根据其所属的象限进行优先级排序。你也可以用示意图来讨论主要的销售机会，以及它们是否与整体愿景相匹配。

产品团队同样可以使用这种方法来确定产品功能的优先级。首先在白板上画出四个象限，然后重新定义两个坐标轴（愿景轴和生存轴）。将产品功能写在便笺纸上，并由团队成员决定每个功能所属的象限。

非常有可能的是，你会从理想象限中挑选更多的功能，并优先考虑，也会从愿景投资象限中挑选少部分功能。尽量避免不利于愿景的功能，同时也要考虑企业生存的实际情况，从中寻求一种平衡。例如，位于波士顿的人工智能企业 Spiro 是一家人工智能驱动的客户关系管理（artificial intelligence customer relationship management，AI CRM）初创公司，在每个攻坚阶段，该公司会将 25% 的精力投入愿景投资象限的工作。

在这个工作中，最重要的是所有的团队成员都参与讨论，分享某个产品功能属于某个象限的原因。当人们习惯于使用象限图来分享他们的理由时，它成为向管理层传达优先级的一个实用工具。这种沟通交流有助于让团队和领导在产品愿景上长期保持一致。

使用象限图来划分优先级是一种将激进式产品思维引入

组织的简单方法。任何级别的团队——无论是执行领导团队还是产品开发团队——都可以使用它将愿景融入日常决策中。

## 优先级和象限图并非一成不变

实际上，对优先级的界定将随着时间的推移而改变，你将发现愿景及生存的定义也需要不断变化。正如愿景需要定期回顾，以适应不断变化的市场条件，生存状况也是如此。企业遇到的最大风险可能会随着时间的推移而改变，决策标准也应该改变以适应变化。如果你的激进愿景需要改变，重要的是首先要认识到这一点，并与团队交流新的决策平衡点。每次使用象限图时，首先重新定义两个坐标轴，并确认它们的确仍然有效。

明确表述两个坐标轴非常重要，因为考虑优先级的角度在各部门之间并不统一。例如，从事长期研发的团队可能会重点关注技术风险，而服务于现有产品的团队，可能会根据财务风险来定义生存状况。

在拥有多个产品的大公司中，每个团队的优先级由该团队的愿景和生存状况决定，可能与其他团队的大相径庭。每个团队都应该编写各自的愿景和生存声明，并创建自己象限图，以平衡长期和短期目标。

当与其他团队交谈并起草象限图时，可以选择各自团队的愿景和生存状况，也可以选择在公司的愿景和生存状况。总之，象限图是一种沟通工具，用于公司内部说明优先级和决策的背后原因。

## 💡 简单胜于精准

　　激进式产品思维确定优先级的方法简单明了但不精确。许多公司选择复杂的电子数据表格来计算数值，并根据排名，确定优先级。然而，简单的象限图则是精心设计且截然不同的方法。它的设计是为了培养团队的一种直觉，让组织中的每个人都可以学习使用"原力"，并在做决策时，做出正确的权衡。

　　几年前，我为一家公司提供咨询服务，提升组织内部的凝聚力。该公司使用统计的方法来确定产品功能优先级。该公司非常注重分析，尤其是基于数据的分析。就连功能优先级的排序也要靠数据分析，确保其精确度。产品团队向我展示了为产品150多个功能确定优先级的复杂流程：首先挑选对产品最重要的5个方面，将其划分成5个维度，每个维度都设定了权重，再按照5个维度给每个功能打分。一旦打分结束，电子表格就会自动生成一个表示该功能优先级的数字，从1到150。这个电子表格看似非常细致且精准。

　　但事实证明，这种方法让团队误以为非常精准；但是没人能解释某项功能为什么排在第57位。因为没有人能解释，所以讨论总围绕着该电子表格："好吧，这是根据5个维度打出的分数，排名也基于这个分数。"虽然团队得到了功能优先级排名，但没有培养出做正确决策的直觉；领导者对决策的影响力也被电子表格束缚。

## 第5章
优先级——在"原力"中注入平衡

除此之外,神奇的电子表格还产生了意料之外的副作用:表格的复杂性导致与管理层沟通的机会大大减少。因为,讨论往往演变成关于分数调整的争论,掩盖了这种方法的根本问题。让我们再来看看激进式产品思维是如何确定优先级的,几位使用过的管理者纷纷评价说,这种确定优先级的方法很容易理解,也可以轻松地予以反馈。

按照激进式产品思维进行的优先级排序打通了交流渠道,是一种更方便的方法。因此,这种方法不仅带来了更多的决策支持,丰富了讨论内容,还在团队做出决策时,培养了一种默契的直觉。

如果不用象限图,也可以通过观察其他人做决策,帮助培养直觉,但这需要花费很长时间。在研讨会上,我经常用数学题做类比,解释这一现象。假设你在给聪明的学生讲代数。你给他们出题 $x-1=0$,并告诉他们答案是 $x=1$ 时,学生很快就会凭直觉解答下一道类似的问题。

但是当问题变得复杂,变量越来越多,就越难发现规律,越难培养直觉。当我们自上而下决定优先级时,团队会产生某种直觉,理解并依照执行。但是对于更复杂的情景,把确定好的优先级直接安排给团队非常武断。有些人能明白你的意图,并依照执行,但有些人可能不会。使用象限图公开地、清晰地分析利弊,你可以更快地在团队中达成共识、培养默契,并将整个团队凝聚在你周围。

愿景给了你前进的动力和目标,就像汽车需要一个强大的引擎。而优先级排序就像汽车轮胎——愿景遇到实际情况

（实际业务需求），并落地生根。要构建由愿景驱动的产品，你既需要好的愿景，也需要有将其转化为优先级的能力。激进式产品思维确定优先级和做决策的方法帮助团队真正理解愿景，并推动实现愿景。

> **本章关键点**
>
> - 按照激进式产品思维，优先级象限图是一种实用的战略工具，帮助你与他人交流分析，确定优先级和做决策。象限图法的第一步是确定两个坐标轴：愿景和生存。
> - 以下问题用来定义生存。"在未来，什么是导致产品失败的最大风险？"
> - 愿景 – 生存象限图是一种实用的辅助工具，通过把战略措施、生存机会、工作任务和产品功能放在以下4个象限中综合考虑，帮助团队做决策，权衡利弊：
>   ◇ 理想象限：帮助企业朝着愿景迈进且风险极低的项目。
>   ◇ 愿景投资象限：帮助企业朝着愿景迈进，但短期内会增加风险的项目。
>   ◇ 愿景负债象限：帮助企业短期内渡过生存的难关，却背离愿景的项目。
>   ◇ 危险象限：远离愿景且增加企业风险的项目。
> - 使用象限图法，确定优先级和做决策的具体实例

如下：

◇ 利用象限图，与团队和董事会交流战略计划及其背后原因。

◇ 做困难的决策时，象限图帮助构建谈话内容纲领，提高讨论效率。

◇ 利用象限图，分享你对产品决策和利弊权衡的直觉。

# 第6章 落地执行和评估标准

为了打造由愿景驱动的产品,我们必须确保愿景、战略与日常行动,以及评估标准紧密联系。纳客(Nack)品牌的故事说明了当愿景与战略脱节时,产品是如何走入歧途的,以及如何使用激进式产品思维来落地执行和评估是否成功,从而确保产品是由愿景驱动的。

第一次见到纳客品牌的创始人保罗·豪恩(Paul Haun)时,我们约在一起喝咖啡。豪恩用他特有的、极富感染力的话语,热情地向我介绍了他的公司。创立纳客品牌,豪恩希望通过"为陌生人买一杯温暖的咖啡"来传播善意。创业初衷受"待用咖啡"(suspended coffee)的启发,"待用咖啡"的传统起源于意大利那不勒斯的咖啡馆。在意大利,人们可以提前多买一杯咖啡,供其他可能比较贫困的咖啡爱好者享用。这是对陌生人的善意之举。

豪恩把纳客打造为一款移动应用程序,不断更新功能以取悦用户。他读过有关iPhone的案例研究,研究iPhone作为一个代表性的产品,是如何满足用户需求的。他还阅读了有关

## 第 6 章
落地执行和评估标准

美捷步（Zappos）[1]向顾客传递快乐而获得成功的书。基于书中的经验，与许多企业家一样，豪恩的目标是让用户满意。

纳客在其应用程序中允许用户在全市范围内寻找待用咖啡，并通过线上支付待用咖啡费用传递爱心，"为陌生人买一杯温暖的咖啡"。纳客的用户几乎每天都在使用这款应用，向朋友推荐，还经常邀请其他人加入。结果，纳客拥有令人羡慕的数据指标，包括净推荐值（net promoter scores）、应用程序使用时长和每日活跃用户量。

然而，尽管这些被大家公认的指标不断增长、趋势向好，可当他介绍公司近况时，豪恩的热情消失了，转而变得非常沮丧。事实证明，纳客的用户只对免费咖啡感兴趣——他们每天都登录纳客账号搜索免费咖啡，查询前往地点的驾驶距离。然而，他们并没有通过这款应用程序把善意传递出去。尽管应用程序的迭代更新让用户感到开心，但豪恩的产品并没有创造出他期待的效果。

传统观点认为，成功的产品需要在市场上反复测试，根据客户需求进行功能迭代——必须"以客户为导向"。然而在现实中，寻求客户的反馈就像一边驾驶汽车，一边询问行驶方向，客户反馈只能帮助你导航。然而，作为司机，你必须知道目的地才能知道方向。纳客的产品功能总是被客户牵着鼻子走，不是真正意义的客户驱动。

---

[1] 美捷步是美国的一家鞋类线上零售平台。——译者注

一些对纳客有意见的用户总抱怨附近没有免费咖啡。为了满足用户的需求，豪恩花了1500多美元通过纳客应用程序为待用咖啡注资。然而，除了豪恩自己外，向陌生人传播善举的愿景并没有实现。

豪恩需要将落地执行和评估标准与愿景联系起来。在接受了愿景驱动的思维模式后，豪恩将产品愿景重新定义为在咖啡饮用者中传播善举，而纳客是实现这一改变的机制。为了实现这个愿景，公司战略聚焦于引导用户赠送咖啡，把赠送咖啡当作一种表达善意的方式。为了将这一理念转化为实际行动，豪恩重新构建了纳客的产品功能：每当用户收到免费咖啡时，他们会同时收到两杯，其中一杯供自己消费，另一杯必须赠送给陌生人。

各大品牌纷纷参与这场传播善意的活动，它们通过纳客应用程序为待用咖啡提供资金。用户学会了将大品牌提供的免费咖啡赠送给陌生人，这项功能给用户行为带来了根本性的改变。用户在赠予中找到了乐趣，很快，收到赠送咖啡的用户中，有27%的用户用自己的钱为别人购买咖啡！

新版的纳客应用程序设计得非常好，用户体会到赠送咖啡的快乐，不再竭尽全力争抢免费咖啡。通过将清晰的愿景和战略转化为落地执行和适宜的评估标准，纳客实现了豪恩心中向往的变化，同时也满足了用户的需求。

本章将为你提供实用的技巧和工具，将愿景、战略和优先级转化为落地执行和评估标准。设想驱动的执行可以帮助你实现愿景。

# 设想驱动的执行和评估标准

产品是一个不断完善、创造变化的机制。在决定如何改进产品时，组织总喜欢强调用数据说话。用数据驱动的方法来构建产品是很好的想法，但前提是用于评估的数据指标必须是正确的。数据驱动通常意味着业务和产品是由财务指标驱动的。不幸的是，企业通常使用的财务指标通常是一些容易测算的（例如，用注册用户量代表使用量）或者业内公认的。当产品被不正确的数据指标评估时，就会患上过度评估症。

比如，单看日活跃用户、用户推荐指数和营业收入这些指标，你的产品看似非常成功。但公认的评估指标得出的结论并不一定能反映真实的经营状况。

产品本身不能自我改善。因为产品是一种创造预想变化的机制，只有它带来了预期改变，才算成功。这就是为什么激进式产品思维倡导必须找到适合的数据指标来评估，而不能单纯依赖公认的指标。

图6-1中的模板可以帮助你制定执行计划，找到合适的数据评估标准。此模板的主要目的是确定验证的目标和相应的评估标准，以及两者之间的联系——产品设想。

你可以用下面"自由填空"式模板，首先填写出关于产品的设想：

| 战略举措: | |
|---|---|
| 负责团队/个人: | |
| 关键指标<br>有哪些可测量的结果? | 准备活动<br>需要做哪些准备活动? |
| 设想<br>为什么这种战略举措能实现预期结果?如何实现? ||
| 如果(做出某种尝试) | 那么(可能会出现某种结果) | 因为(两者之间存在某种联系) |

图6-1 激进式产品思维模板(基于设想驱动的执行和评估标准)

> 如果(做出某种尝试),那么(可能会出现某种结果),因为(两者之间存在某种联系)。

以下是纳客品牌关于产品的设想:

> 如果(我们免费送用户两杯咖啡,其中一杯由他们再赠送给别人),那么(用户就会开始自己花钱赠送咖啡),因为(他们从中学会赠送咖啡,并享受善举带来的快乐)。

一旦有了适当的设想,下一步需要找到关键指标进行评估,明确结果是否符合预期,以及设想(或策略)是否有效。对于纳客品牌来说,评估在传播善意方面取得进展的关键指标

# 第 6 章
## 落地执行和评估标准

是愿意花钱为陌生人赠送咖啡的用户比例。

图 6-1 模板中的"准备活动"一栏，填写执行设想之前所有的准备活动。对于纳客品牌，在执行设想之前，我们需要与一些品牌合作，为赠送咖啡提供资金，该活动作为品牌营销活动的一部分。我们还必须在应用程序上开发一些新功能，让用户能够接受和赠送咖啡。

在使用此模板时，思考哪些指标能够反映愿景和战略的进展。你可以不断问自己："哪些指标可以证明愿景正在逐步实现？"据此找到评估愿景实现的指标。

同样道理，第 4 章 RDCL 策略中的每个要素都是你认为行之有效的。同样可以通过商业实践和数据指标来验证。对于 RDCL 策略的 4 个要素，你都要用商业实践验证其是否有效，同时追踪数据指标，证明计划的确行之有效。记得从迭代执行和评估标准中不断总结经验，并更新调整 RDCL 策略要素。

下面是使用图 6-1 模板的实例。在 Likelii 的案例中，我们希望了解客户葡萄酒口味偏好，这是 RDCL 策略中产品设计要素。于是，我们希望在不打扰客户的情况下，确定他们的葡萄酒口味偏好。我们当时的设想是：

> 如果（邀请客户说出喜欢的葡萄酒），那么（大多数人都愿意回答），因为（只要说出葡萄酒的名字，他们立即会得到个性化的葡萄酒推荐）。

为了验证设想的可行性，我们跟踪了一个关键指标：回答问题的客户数量。令人感到惊讶的是，由于客户很难回忆起喝过的葡萄酒名称——只有20%的人回答了这个问题！让客户自己说出葡萄酒名字，据此了解口味偏好的策略并不奏效。

于是，我们改进了方案，提出了新的设想：

> 如果（我们能设计出一份市场问卷，以了解客户的口味偏好），那么（客户将愿意完成问卷），因为（与最初询问的方式不同，问卷列举出主流葡萄酒名称，避免了客户想不起名称的尴尬）。

为了验证上述设想的有效性，我们设计了许多活动，其中包括制作带有葡萄酒图片的问卷。另外，为了了解客户对单宁[①]的偏好程度，询问他们喜欢喝什么类型的茶或咖啡：不加糖和奶的黑咖啡、加牛奶的拿铁，或者加牛奶和糖的咖啡。为了了解客户对酸度的偏好，我们询问客户喜欢哪种水果。从这些简单的问题推断出他们的口味。

开展客户调查后，我们惊喜地发现新方法效果显著——超过70%的客户完成了问卷调查！本例中，评估方法和迭代方法都是策略驱动的。[1]

---

① 单宁的多少可以影响酒的口味。——译者注

# 第 6 章
## 落地执行和评估标准

为 RDCL 策略的每个要素构建商业设想可能听上去很乏味，但你会发现这种设想驱动的方法会内化成一种思考方式。正如在前几章中，激进式产品思维的目标是建立直觉。上面的模板旨在让你更深入地思考适合的评估标准。一旦建立了肌肉记忆，它就会变成习惯，就像直觉一样。每次为产品增加一个特色，或者在公司中实施新的战略计划时，你都会自然地在头脑中形成一个设想。

## 激进式产品思维与迭代相结合

本章用设想驱动法的实例说明，激进式产品思维与反馈驱动法（如精益创业和敏捷开发）可以很好地结合在一起。

设想驱动法意味着愿景和策略都从商业设想开始。激进式产品思维可以帮助你明确和交流正在创建的产品以及创建原因。精益和敏捷开发可以帮助你在不确定的情况下执行、成长和迭代。当你从设想驱动法中总结一些经验的时候，可以回过头来，根据这些总结的经验完善策略，甚至还有愿景，如图 6-2 所示。

为了避免成为迭代主导型产品，必须确保精益和敏捷开发活动是由愿景和战略驱动的。例如，著名创业书籍《精益创业》强调推出最小可行产品，即产品的一个极简版本，拥有足够的功能来满足早期客户，并为未来的产品开发提供客户反馈。在规划最小可行产品时，RDCL 策略是非常重要的。

```
┌─────────────────────────────────────────────────┐
│ 激进式产品思维                                  │
│ 帮助你明确和交流正在创建的产品和创建的原因      │
└─────────────────────────────────────────────────┘
        ↓              ↓              ↓
    ┌───────┐      ┌───────┐      ┌───────┐
    │ 愿景  │      │ 战略  │ ⇄    │ 执行  │
    └───────┘      └───────┘      └───────┘
                        ↑
┌─────────────────────────────────────────────────┐
│ 精益方法和敏捷开发帮助你                        │
│ 在不确定的情况下，执行、成长和迭代              │
└─────────────────────────────────────────────────┘
```

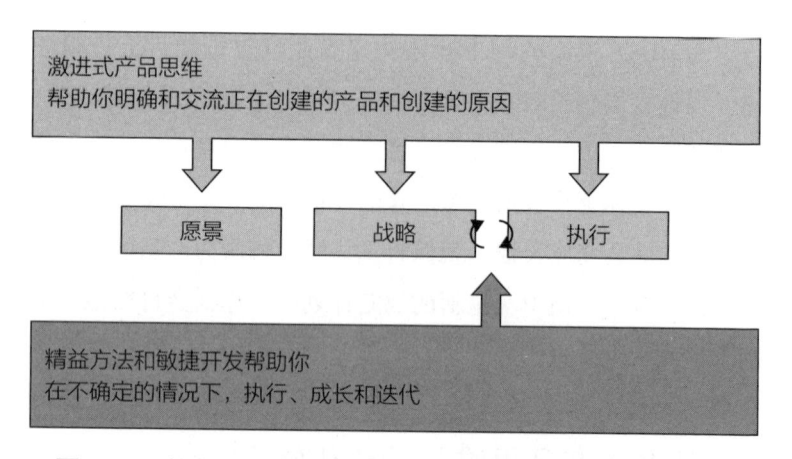

图 6-2 激进式产品思维如何与精益和敏捷产品开发相结合

你很可能听过这样的说法：最小可行产品必定是不成熟的——通常，这句话之后会紧跟领英（LinkedIn）创始人里德·霍夫曼（Reid Hoffman）的名言，"如果你对产品的第一个版本不感到尴尬，说明产品更新速度还不够快"。对于某些市场来说，情况的确如此，但要取决于 RDCL 策略和真正的痛点。

最小可行产品的关键标准是，它必须是一个可变的解决方案，以满足早期客户需求。例如，对于一家机器人和仓库自动化公司来说，设备至关重要。如果系统出现故障，客户的仓库就会停止运转，公司会因为发货延迟而亏损。因此，对客户来说，最小可行产品的是开发良好的自动化系统，有零停机重启功能（high uptimes）且运行可靠。你的最小可行产品来源于策略，并满足客户群体真正的痛点。

最小可行产品的性质反过来也会影响策略。例如，如果你正在构建上文提到的仓库自动化解决方案,初创公司需要筹集大量资金来交付一个随时可能需要更改的自动化系统,成本几乎与首次交付一样。

你还可以将激进式产品思维与敏捷开发过程相结合,逐步构建产品。如果你正在使用敏捷开发,意见最大的客户往往会决定产品的走向。导致每隔几周产品便会出现一次"策略微调整",即策略会根据最迫切的客户功能需求而做出调整。最终会导致日常活动与愿景脱节,产品陷入相互矛盾的特性和功能的泥潭。

激进式产品思维可以避免此类风险,与其他人交流正在实施的商业设想、执行和评估情况,从中总结的经验,商讨如何进行下一个商业设想。在计划下一步行动时,你还可以使用激进式产品思维来确定优先级——可以利用愿景-生存象限图来平衡愿景和短期利益,也可以利用象限图为工作任务和产品特征制定优先级。

从商业设想中总结经验时,你可能需要大幅度地调整或改变方向。你可以定期回顾愿景和RDCL策略,以便定期交流——例如,在创业初期,每月回顾一次;如果产品成熟,可以每6个月回顾一次。这种方法可以确保产品在不断完善的过程中保持由愿景驱动。

## 为关键指标设定目标的危险

激进式产品思维将产品定义为一种持续改进的机制,以创建预想的变化。一旦明确哪些指标非常关键，你会很自然地认为构建一个成功的产品，就是把关键指标设为目标，努力让团队去实现它。毕竟，传统观念认为，如果你想要成功，必须设定可衡量的目标。

目标和关键成果（objectives and key results，OKR）[1]是许多公司用来定义企业目标、分配职责和追踪结果的管理框架，例如，某公司的OKR是"新增2万名注册用户"。在设定OKR时，许多公司使用产品指标。在制定OKR时，团队常常被告知要有野心，要设定远大的目标。

具有讽刺意味的是，原本宏伟远大的目标却时常让员工望而却步、失去动力。即使是那些对产品充满热情的高绩效员工，也提倡不要设定过高的目标，因为担心自己或团队无法实现。

美国亚利桑那大学埃勒管理学院（Eller College of Management）、哈佛商学院（Harvard Business School）、凯洛格管理学院（Kellogg School of Management）、沃顿商学院（Wharton School）的研究人员联合发文，文章题目是《疯狂的目标：目标设定过高带来的系统性副作用》(*Goals Gone Wild: The Systematic Side Effects of Overprescribing Goal Setting*)，文章建议"目标设定应该有选择性，设置目标预警，并密切关注其进展"。[2] 他们

---

[1] 目标与关键成果是一套明确和跟踪目标及其完成情况的管理工具，由英特尔公司创始人发明。后被谷歌、元宇宙、领英等企业广泛使用。——译者注

# 第 6 章
落地执行和评估标准

发现，虽然具体的、有挑战性的目标可以产生正向结果，但这些类似的目标往往会导致员工绩效下降，忽略重要但并不具体的目标，损害人际关系，破坏企业文化，并导致商业风险和不道德的职业行为。

在产品开发阶段，为产品指标设定目标更是禁忌。开发产品的过程充满了不确定性，几乎没有可遵循的一定之规。研究发现，当业务较为复杂，正确的策略不易找寻，当员工的业绩表现是产品策略使然，而不是凭借努力时，"尽力而为"的指导思想比明确的目标有更好的效果。[3] 在这种情况下，他们发现，明确的目标可能会阻碍员工大胆尝试、积极调整，并最终限制产品创新。[4]

OKR 的另一个问题是，企业的关注点局限于这些指标。为了开发成功的产品，更好地为用户服务，你会做出一些大胆的设想，因此，你会衡量和分析大量的指标。但 OKR 的设计目的是专注于几个关键指标。员工会尽力优化少量的指标，以牺牲其他没有衡量的关键绩效指标为代价。OKR 可以帮助你实现局部利益最大化而非整体利益最大化。事实上，研究人员发现，当个体被赋予明确的、挑战性的目标时，与"尽力而为"的简单指令相比，目标会抑制员工从经验中成长，让员工表现欠佳。[5]

如果目标不断提升，反对设定目标的理由则更加充分。研究发现，"目标和关键成果法"中目标设定会让人更注重结果而不是手段。研究人员发现，背负明确目标的员工比"尽力而为"的员工有违反职业道德行为的可能性更大。更重要的是，他们发现，当人们感觉目标无法达成时，目标设定和不道德行为之间的关系尤为强烈。[6]

2000 年，朗讯科技公司的丑闻恰好说明了目标不断提升的负面影响：该公司报告夸大了近 7 亿美元的收入。朗讯科技公司前首席执行官理查德·麦克金（Richard McGinn）以向经理们提出激进的目标而出名。他为公司设定了年收入增长 20% 的目标——对一个拥有 300 亿美元资产的公司来说，这是一个相当大的目标。出乎意料的是，每个季度的收入目标都不可思议地实现了。其间，朗讯科技公司向客户提供 80 亿美元的"客户融资"——实质上，朗讯科技公司是在变相赠送产品，却将这笔交易标注为销售。[7] 朗讯科技公司前雇员在一封投诉信中指控麦克金和朗讯科技公司设定了不切实现的目标，导致他们不得不误导大众。

不止一次地，我们看到过高的目标对社会产生负面影响。在富国银行（Wells Fargo），高管们制定了向客户交叉销售①产品（cross-selling products）的市场策略，期待从每位客户的"钱包"里获取更多的"资金"。作为该市场策略的一部分，每位分行经理必须销售规定数量和类型的银行产品。如果销售目标没有完成，没完成的销售任务会累积到第二天。2016 年，该银行的丑闻被曝光。为了完成激进的目标，员工在客户不

---

① 交叉销售即借助客户关系，发现现有顾客的多种需求，并通过满足其需求而销售多种相关服务或产品的一种新兴营销方式。——译者注

# 第6章
落地执行和评估标准

知情的情况下为其开设新账户,有时甚至伪造客户签名。2020年2月,富国银行同意支付30亿美元的罚款,以了结对其欺诈性销售行为展开的长期调查。[8]

曾经有研究提出人们很有可能为了实现目标而采取不道德行为,但这些声音一直被忽视。甚至在对目标设定影响深远的著作中,作者爱德温·洛克(Edwin Locke)和加里·莱瑟姆(Gary Latham)也预测了这种情况,并指出不道德行为是"意想不到的缺陷"。对此,他们提出了一些简单的解决方案,包括创建"管控体系"和解雇违反道德规范的员工,"无论他们以往的业绩如何优秀"。[9]尽管在理论和实证研究中,设定过高目标会导致不道德的行为都得到了证实,我们仍然使用目标和关键成果法,我们对事实视而不见,让业绩受损,怂恿员工做出不道德的行为,同时期待事实并非如此。

人们越来越意识到设定目标的负面影响,一些公司正在努力调整。一种较为温和的调整方法是将OKR与绩效考核脱钩。埃文·施瓦茨(Evan Schwartz)撰写的一篇文章中,曾经在2006—2016年担任谷歌公司高级副总裁的拉兹洛·博克(Laszlo Bock),主要负责谷歌公司的人员运营(people operation),解释了OKR不应与业绩挂钩的原因:"谷歌公司曾经将某一产品的OKR直接与员工薪酬挂钩。于是,员工开始设法钻制度的空子来获得奖金。因此,将金钱激励与关键业绩挂钩的想法,被认为对产品和企业文化都是有害的。"[10]是博克和谷歌公司推广了OKR的管理方法,但为了解决其副作用,他们建议不要将OKR用于绩效考核。

不幸的是，仅仅将OKR从绩效考核中剔除是不够的——即使OKR不与金钱激励挂钩，设定OKR时，也需要列出目标责任人。这意味着，如果目标一旦没有实现，所有人都知道是谁是该目标的责任人——隐含地将个人业绩与目标挂钩。

《重新发布产品路线图》(*Product Roadmaps Relaunched*)一书的作者布鲁斯·麦卡锡（Bruce McCarthy）在OKR研讨会上建议重新调整OKR，以应对副作用。如果你发现设置的OKR指标是错误的，或者根本无法实现，你应该重新调整它。

重新调整OKR在小公司比较容易实现，但在大公司，OKR通常需要跨部门协调——每年设置OKR并获得协同认可，需要付出令人难以置信的努力。如果在年中，你发现有些目标设定得不正确，你愿意付出多少努力进行调整和协调？前景似乎不容乐观。事实上，一家大公司的高管对定期调整OKR建议的反馈是："如果每年都要这样调整，我们早就死定了。"OKR一旦设定，就很难调整，团队最终可能会朝着原定目标努力，即使很明显，这个目标并不是衡量成功的正确指标。

事实上，当流媒体音乐服务平台声破天（Spotify）在其人力资源博客上宣布不再使用OKR时，理由是：

> OKR管理过程中的许多内容已经过时了，OKR也同样过时。
>
> 我们注意到我们正在把精力投入一个没有太多

> 价值的过程中。所以我们决定放弃它，转而关注工作内容和优先级。确保每个人都清楚目标和当前的任务优先级，然后我们让团队负责实现目标。[11]

这听上去和激进式产品思维非常一致，即定义一个清晰的愿景和战略，并将其转化为优先级和执行。

具有讽刺意味的是，设定业绩目标和 OKR 会驱使我们追求局部利益最大化，无法关注整体利益最大化。是时候放弃为产品设定业绩目标了，是时候采取更激进的方法了。

## 用激进式产品思维来评估

用激进式产品思维来评估是一种协同的方法，帮助团队在遵守职业道德的前提下，不断地总结学习和改进产品。这意味着团队需要协同找到产品指标，用于评估产品是否创造出你想要的变化，然后通过定期的反馈来管理变化的程度。

OKR 也旨在组织内部协同一致，量化组织内的变化。大多数组织都有较为宽泛的愿景陈述，还未转化为激进的愿景声明。在激进的愿景声明缺失的情况下，OKR 提出了期望变化的具体描述，但 OKR 往往会产生副作用，由于设定明确目标带来的副作用。要想在没有副作用的情况下实现相同的目标，首先要创建一个激进的愿景声明。

激进式产品思维为团队创建了愿景，勾勒出一幅未来世界的清晰画面，愿景需要和团队共同实现，而 RDCL 策略帮助你将愿景转化为可行的计划。团队对愿景和策略接纳和认可，在实现改变的方向和步伐上保持一致。开展小组活动，与团队共同研究制定愿景声明和 RDCL 策略，既可以获得团队的参与，还能协同公司下一步的发展方向。

一旦有了清晰的愿景和战略，再列出表明愿景进展的关键指标——千万不要设定过高的目标。你需要定期回顾，确保这些指标依然是正确的，或者做出调整。

如果你正在放弃一些公认的指标，转向其他更适合组织的评估指标，那么你需要指导团队和投资者接受更适合的评估指标。根据投资者或利益相关者对产品的偏好来制定评估指标，很容易让你陷入困境。例如，在某组织中，易用性被认为是"客户只需点击一次鼠标，就可以找到想要的内容"，于是，该团队开发了一个网站，把所有信息都放在主页上。

为此，团队重新设计了网页，过去主页上的元素被移到了下层菜单。但是对我们来说，成功并不在于用户点击了多少次鼠标，而在于他们是否能花费更少的时间，在网站上快速找到需要的内容。在做出这些改变时，我们需要交流如何衡量成功。这种交流也很重要，因为获取数据和分析数据都需要耗费时间和资源。

一旦你在团队内部协同了要评估的内容，就可以开始分享和讨论产品指标了。为了实现目标，组织经常使用 OKR 的方法来分配责任，并让员工为最终结果负责。为了让员工负责，同时又能消除目标设定方法的副作用，可以让团队在例会

# 第 6 章
## 落地执行和评估标准

上定期向大家展示产品关键绩效指标。

营造一个合作共赢的环境非常重要,大家可以一起庆贺成功,同样重要的是,团队可以轻松地分享需要改进的地方,并虚心听取他人意见。

与高层管理人员相比,产品团队对产品掌握更多的统计数据和内部信息——如果团队会因为产品指标不达标而受到惩罚,经理们看到的数据可能都是漂亮的,结果却是言过其实的。因此,应该围绕指标营造一个开放讨论的协作环境,相互学习的氛围,以及知无不言、言无不尽的企业文化(下一章将详细介绍)。

为了营造开放的环境,管理者可以对产品指标给予定期反馈,但不是通过设定目标来管理。现在,需要对产品要达到基本指标达成共识,并讨论希望看到哪些改进,希望以多快的速度看到这些改进,以及这些改进如何影响优先级。如果说目标设定和目标管理类似于年底考试,定期反馈就是不断学习的过程。

使用 OKR 的团队会花费很长时间协商、制定目标。相反,你可以将同样的时间分配到定期安排的跨部门讨论中,团队共同提出指标,分享经验,并从组织内其他人那里获得反馈和建议。这些讨论将提高组织协同性和责任感。

丽萨·奥多涅斯(Lisa Ordóñez)是圣地亚哥加州大学雷迪管理学院的院长。即使有许多行政事务,她也一直坚持对目标设定的学术研究,并在阅读了激进式产品思维的评估方法后,与我分享了以下内容:"我的研究揭示了目标设定的负面影响，特别是在导致不道德行为方面。一种解决方法是完全消除目标和指标。然而，激进式产品思维可以让组织以一种更有效的方式调整优先级和使用评估指标。它保留了目标设定的优势部分（指导和协同行动），而且减少其负面影响。"

产品是不断改进的机制，实现你期待的改变。激进式产品思维可以帮助你将具体执行和评估与愿景和战略紧密联系起来，实现持续的改进。在下一章中，我们将讨论如何使用这种新的思维方式来培养一种文化，促进构建由愿景驱动的产品。

### 本章关键点

- 激进式产品思维方式中，愿景和战略主导商业设想驱动的执行和评估标准。应该评估适合产品的指标，而不是公认的指标。
- 创建一系列商业设想，并不断尝试，以验证愿景和 RDCL 策略的有效性。
- 激进式产品思维经常与精益和敏捷开发一起结合使用。
- 执行和评估模板包括 3 个要素：
    1. 关键指标：评估方法是否有效的关键指标。
       · 思考哪些指标可以评估愿景取得的进展。
       · 评估哪些指标来了解 RDCL 策略的 4 个要素是否行之有效？
    2. 设想：设想能够帮你找到目标与现实的差距。

- 你可以用下面"自由填空"式模板，填写出关于产品的商业设想：

如果（做出某种尝试），那么（可能会出现某种结果），因为（两者之间存在某种联系）。

3. 准备活动：需要做哪些准备活动？

- 如果你正在使用敏捷开发，这些活动应该为敏捷开发做准备。

● 为产品指标设定目标的想法很吸引人，但你必须抵制它。激进式产品思维是一种协作的方法，可以以团队的形式一起参与评估和学习。

● 为了让团队在指标上保持一致，并 OKR 中取消目标设定，可以采取以下 3 个步骤：

1. 在团队中，协同将要评估的内容。
2. 营造一个知无不言、言无不尽的企业环境。
3. 对产品取得的进展进行定期反馈。

# 第 7 章 企业文化

为了创建由愿景驱动的产品，你需要努力营造工作动力十足的企业文化。在日常工作中，员工时常面临选择，是混日子还是付出努力；他们还经常需要在积累愿景负债和愿景投资之间做出选择。工作动力足的员工更有可能投资于愿景。

尽管让员工充满干劲的重要性显而易见，但大部分公司的文化普遍存在问题。2019 年，盖洛普（Gallup）调查公司对 12600 多名全职员工的调查显示 76% 的员工表示有时会感到倦怠，28% 的人表示，"经常"或"总是"感到工作让他们筋疲力尽。[1]

到目前为止，组织采取多种方法解决文化问题，包括提供免费零食、懒人沙发、冥想课程和睡眠舱等。尽管这些都有助于缓解员工压力，但都不是让员工感到幸福或减轻压力绝佳的方法，尤其是随着远程办公的普及。远程办公提升了企业文化的重要性，组织需要一种更切实可行的方法来解决文化问题，并鼓励员工的积极参与。

现在，你已经熟悉了关于愿景、战略、优先级、执行和评估的激进式产品思维元素，现在它同样可以应用到企业文化中。

# 第 7 章
## 企业文化

激进式产品思维把企业文化视为一种产品：创造良好工作环境的机制。良好的环境可以最大限度地激发员工内在动力，帮助团队茁壮成长。将企业文化看作产品有助于你采取系统的方法。

现在知道该怎么做了吧！为了改善企业文化，你需要对企业文化有清晰认识，以及为什么现状需要改变；你需要制定关于企业文化的愿景。然后，可以通过 RDCL 策略将愿景转化为可行的计划。在这个清晰的愿景和战略的指导下，实施变革并评估进展，迭代并不断改进。

尽管这听上去很合理，但只要提到企业文化的改变，大家普遍不屑一顾。原因在于，文化是无形的，通常被定义为将组织维系在一起的经历、思想、价值观、信仰和习惯。因此，到目前为止，关于文化的愿景一直是宽泛和抽象的，不够详细且缺乏可操作性。

文化的激进式产品思维框架就是为了改变这一点而设计的——针对企业文化，帮助团队开展开放而坦诚的讨论，从而达成共识，并对需要改变的地方有清晰的认识。

这个思维框架的另外一个好处是，相对于令人难忘的户外团建活动，我发现使用这个思维框架进行公开讨论，能更有效地凝聚团队。

## 文化的激进产品思维框架

企业文化是工作和日常互动的累积。在工作过程中，大家会凭直觉工作和交流互动，这种直觉主要是基于任务的成就感和紧迫性。换句话说，你对工作的体会主要来自两个维度：是否令人感到满足和是否紧迫。如果将它们用一个矩阵来表示，如表 7-1 所示，企业文化就是你在 4 个象限上精神和情感状况的总和：

表 7-1　激进式产品思维框架下的企业文化

| 精神和情感状况 | 不紧急的任务 | 紧急的任务 |
| --- | --- | --- |
| 工作成就感满足 | 有意义的工作<br>多做这些工作！<br>通过产品和业务创造愿景驱动的变革 | 英雄主义的工作<br>潜在危险：筋疲力尽<br>需要特别关注的十万火急的任务 |
| 疲惫 | 耗费精力的工作<br>潜在危险：有害<br>与上级交流，因为害怕被拒绝而不敢说出自己的看法 | 枯燥乏味的工作<br>潜在危险：懈怠<br>在复杂的公司结构中，处理层层审批、报告和行政事务 |

**有意义的工作**：既不紧急，又令人感到满足的工作，工作中大部分成就感的来源。

**英雄主义的工作**：在时间紧急情况下，令人感到满足，能够彰显个人能力的工作。程度较轻的压力会给工作增添乐趣，但是太多的压力会让人筋疲力尽。

**枯燥乏味的工作**：没有成就感，但又紧急的工作。通常是组织运转所必需的工作，但这些工作就像在仙人掌上行走：让人非常痛苦。

**耗费精力的工作**：不紧急，但非常劳心费神的工作。包括努力与上级沟通，或感觉自己受到了不公平的对待。

# 第 7 章
## 企业文化

与其他象限的工作相比，优秀的企业文化能让员工把大部分时间花在有意义的工作上。本章将指导大家建构如图 7-1 所示的企业文化。

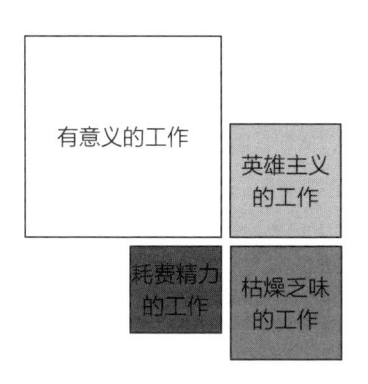

图 7-1 优秀的企业文化能让员工把时间大多花在有意义的工作上

## 有意义的工作

如果每天多数时间都用在有意义的工作上，员工就会觉得工作有意义、有成就感。这个区域有助于调动员工的积极性，并全身心地投入工作中。

在我曾经举办的企业文化研讨会上，经常听到以下例子，说明哪些工作让人感觉有意义：

- 攻克难题，感觉非常有成就。
- 见证变化，亲历成长。
- 在一个有强烈归属感的团队中工作。

从本质上说，为了朝着创造积极改变的愿景努力前行，这样的工作是有意义的。有意义的工作与作者丹尼尔·平克（Daniel Pink）在畅销书《驱动力：在奖励和惩罚都已失效的当下，如何焕发人们的热情》（Drive: The Surprising Truth about What Motivates us）中描述的内在动力的3个要素不谋而合。[2] 激进式产品思维能够积极调动内在动力，如表7-2所示。

表7-2 如何利用激进式产品思维使内在动力最大化

| 驱动力 | 激进式产品思维 |
| --- | --- |
| 目的——超越自身的渴望 | 与迭代导向相比，激进式产品思维鼓励目标驱动，用清晰愿景和策略驱动产品迭代 |
| 自主——我做什么，我决定 | 在激进式产品思维中，优先级和决策象限图让团队协同，找到长期和短期利益之间的发展平衡。这是一种培养自主和直觉的思维工具。即使在缺少决策权的情况下，这个象限图也可以作为一个交流工具，与他人分享你的原因，以提高员工自主性 |
| 专精——把想做的事情做得越来越好 | 商业设想驱动的激进式产品思维中，执行和评估会帮助你朝着目标迈进。目标是在愿景和战略中产生的。你还可以把产品指数当作管理工具，不断取得进步 |

当你心中有了清晰的愿景和全面的产品策略，并将其转化为优先级和执行时，你就会把最多的时间花在有意义的工作上。另外，如果没有明确的方向，人们往往会将注意力转移到英雄主义的工作，因为它让人觉得更紧急、更重要。

# 第 7 章
企业文化

## 英雄主义的工作

英雄主义的工作给人满足感,但时间往往非常紧张。以下都属于英雄主义的工作:

- 像救火队员一样,解决棘手的客户问题。
- 同事辞职了,新人还没到岗,不得不超负荷工作。
- 为即将到来的产品发布,每周工作 70 小时,协调所有活动。

以上这些英雄主义的工作,如果偶尔发生,你会以令人震惊的速度完成工作,但这样的工作过多,你很快就会精疲力竭。

企业文化经常鼓励员工花时间在这个象限上。在我曾经就职的一家公司,工程师们因为整夜在客户现场解决问题,挽回公司损失而受到了表扬。这种做法让工程师们觉得自己想要受到重视,职位得到晋升,最好的办法是主动解决棘手的问题,不再把精力投入预防问题上。

企业文化频繁地鼓励个人的突出表现,这听上去似乎很合理,甚至是鼓舞人心。安娜·维纳(Anna Wiener)在著作《硅谷烟云》(*Uncanny Valley*)中描述了一家数据分析初创公司的工作环境,首席执行官对员工的最高评价是"为事业而献身"(down for the course,DFTC)。[3] 员工们通过超长的工作时间或个人牺牲赢得这一赞誉。另一家公司也有类似的说法,员工宣称对公司的忠诚时,会说:"我身上流淌着(某商标颜色)

的血！"

现实情况是，只突出个人能力，会减少员工在长期战略上花费的时间。这种做法是不能持久的。盖洛普调查公司关于工作倦怠的研究发现，超负荷工作的人经常或者总是感到倦怠的可能性是其他人的 2.2 倍。同样，研究发现，在工作期间感觉时间紧的人，有 70% 的可能性会感到工作倦怠。[4]

因此，我们需要确保工作量和时间能够匹配，还需要改变激励或奖励制度来减少这一象限的工作。

## 枯燥烦琐的工作

重复性的行政事务，既让人无法感受工作的意义，也不能帮助你朝着愿景迈进，这些事务又非常紧急。枯燥烦琐工作让人感到痛苦。枯燥烦琐的工作包括：

- 申请一台笔记本电脑，需要填写冗长的申请文件。
- 需要得到多个管理层的批准。
- 即使是不重要的决定，也必须通过游说，在许多人之间建立共识。
- 撰写商业报告，将时间花在对发展没有实质性作用的指标上。

枯燥烦琐的工作会让组织懈怠。如果你能减少这个象限上的工作时长，就有更多的时间去做有意义的工作。

# 第 7 章
## 企业文化

许多大型组织中,枯燥烦琐的工作表现为复杂的工作流程。这些流程可以保持工作的统一性。例如,在政府等组织中,明确的许可证审批流程,能够为申请人提供可预见的结果。然而,大家都习惯使用的流程越多,"组织惰性"就越强,组织对任何变化就越抵触。

因此,如果组织有大量枯燥烦琐的工作需要完成,试图改变这一现状,你需要挖掘到问题的根源,从而针对核心问题(不只是表象),制订计划克服"组织惰性"。

例如,一家公司开会总是非常拖沓,员工们感觉非常沮丧。经常是上一个会议不能按时结束,导致会议的时间不确定。为了解决开会拖沓的问题,我们本可以制定会议管理办法,甚至强制执行严格的会议截止时间。然而,在观察了几次会议之后,我们发现会议超时的根本原因是缺乏协同性。大家开会的时候,相互之间意见分歧很大,很难在一个小时(甚至是两个小时)内就重要问题达成一致。我们一致同意的解决方案是,在引入会议管理办法之前,首先开展公司愿景和战略讨论。

为了减少枯燥烦琐的工作时长,按照优先级让员工列出在行政事务、审批和公司报告上耗费精力且没有意义的事务。然后制订一个计划,减少花在这个象限上的工作时间。

## 耗费精力的工作象限

耗费精力的工作经常让人精疲力竭,这些工作并不紧迫——随着时间的推移,它会慢慢消耗员工的能量和热情。耗

**产品至上**
如何通过产品改变世界

费精力的事情包括：

- 有不同意见时，因为害怕被拒绝而保留自己的想法。
- 在不友好且明争暗斗的企业文化中工作。
- 在工作时，感觉自己受到了不公平的对待。
- 不确定经理是否会在讨论中支持自己。

以上的这些事情发生的根源是公司强调个人能力而不是团队力量。当组织表现出色是因为集体智慧和决策，很难将功劳归因于某些特定的成员。组织似乎更容易通过个人的工作来认可工作业绩。那么，如果我们把业绩好的个人组成一个团队，这个团队的表现自然会好吗？

在一次演讲中，曾经多次创业的玛格丽特·赫弗南（Margaret Heffernan）引用了普渡大学（Purdue University）威廉·缪尔（William Muir）的研究结果。在缪尔的实验中，他从每个鸡笼中挑选出最高产的一只鸡，培育出它们的下一代——一群超级高产鸡。在对照组的实验中，他挑出一些产蛋量很高的鸡笼，培育出整个鸡笼的下一代小鸡。

他发现，这群超级高产鸡的产蛋量直线下降。笼子里只剩下3只看起来东倒西歪的超级高产鸡活了下来，原因是其中一些超级好斗的母鸡把其他母鸡啄死了。然而，在对照组中，所有的母鸡都是从产蛋量很高的鸡笼里培育的，母鸡的产蛋量随着繁衍而提高，增加了160%。实验结果表明，产量高的母鸡会通过排挤同类来实现高生产率。因此，为了提高整体生产力，尽力避免集体中出现"超级高产鸡"。[5]

麻省理工学院的一项组织行为学研究也验证了这一结论。研究结果发表在《科学》杂志上。在一项有699名志愿者参与的研究中，研究人员发现更擅长解决问题并表现出更高"集体智慧"的团队，是成员做出均等贡献的团队，不是由一两个能力超强的员工主导的团队。[6] 换句话说，"超级高产鸡"拉低了团队的集体得分。

每当我们习惯并允许"超级高产鸡"的存在时，就是将个人表现置于团队力量之上。不及时阻止这样的行为，其实就是默默地纵容。新西兰全黑橄榄球队（All Blacks）在橄榄球比赛中以77%的胜率，稳居这项比赛的主导地位。他们明确表示，不欢迎"超级高产鸡"加入球队。他们的心理技能教练吉尔伯特·伊诺卡（Gilbert Enoka）在接受阿迪达斯（Adidas）全新数字内容平台GamePlan A的采访时，解释了他们的规定："球队通常会容忍（骄傲自大的球员），因为这样的球员非常有天赋。当我们敏锐地觉察到十分自负的球员，很快会放弃他们。"因为教练可能不易发现这种球员，而且他们的傲慢行为可能会在场下发生，所以抵制此类球员的规定经常由球员们自己执行。"在我们的理念中，团队高于个人，"伊诺卡解释道，"如果你不把团队放在第一位，你永远不会成功。"[7]

需要明确的是，这并不意味着个人表现不重要。事实上，耗费精力的工作正是因为某些人不负责导致的。在一个不满情绪四处蔓延的团队，展开了一场企业文化象限图的讨论，讨论结果显示，许多团队成员必须小心翼翼地绕过那些没有全力以赴的人。如果经理的风格是得过且过的，他会避免有冲突的讨论，也不纠正欠佳的个人表现。因此，那些努力工作并对产品充满热情的员工会觉得自己受到了不公平的对待，因为他们必须承担额外工作来弥补其他人懈怠的工作。

要减少耗费精力象限的工作时长，就要在个人和团队表现之间找到平衡，减少那些让员工觉得不公平的事情发生。

## 如何使用企业文化象限图

一旦开始将企业文化视为通过工作积累的一系列经历，你就会意识到企业文化不仅仅是自身感受，也是大家如何体验和感知它。好的企业文化会让有意义的工作时间最长，并使其他3个象限上的工作时间尽可能少。

借助企业文化象限图，你可以组织团队讨论，时间是如何在4个象限中分配的。这样的讨论可以发现哪些工作让他们觉得是有意义的，哪些活动需要他们表现出个人能力，哪些任务枯燥乏味，哪些环节让人觉得耗费精力。

高绩效团队的一个特征是能够坦诚地、公开地讨论，这样你就能够针对眼前的问题在团队进行协调，并提出解决方案。如果没有这样的协调，企业文化的变革倡议和培训常常像是额外的负担，没有明确的目的。

一旦对文化和需要解决的文化元素有了清晰的认识，你就可以通过RDCL策略来制订一个可行的计划。例如，一家公司的工程师们都感觉极度疲倦，我们制定RDCL策略来减少英雄主义象限的工作时长。以下是 RDCL 策略的 4 个元素，以解决员工倦怠的问题：

- **真正的痛点**：每次新产品发布，工程师们常常要花数周时间在客户现场解决产品缺陷。这导致工程师非常疲惫，如果不尽快解决，我们将失去优秀的人才。
- **产品设计**：为了解决上述问题，在将硬件和软件送到客户现场之前，我们就要找出产品缺陷。在将设备运到现场之前，我们开始试运行设备，并通过复制客户的工作流程来测试系统。
- **能力支持**：我们投资购买了更多的自动测试设备，更有效地发现产品漏洞，无须增加测试团队人员。我们还意识到，必须增强本地客户服务团队的能力，本地团队可以承担更多的技术支持工作，不需要工程师出差去现场。
- **物流模式**：我们必须改变激励策略。在原来的激励政策下，工程师都想成为拯救客户的英雄，从而得到关注，增加晋升的机会。现在，我们开始对团队开发无缺陷的产品予以奖励，完善的产品不再需要职场英雄。

通过这种系统的方法，我们减少了英雄主义象限的工作时长，并改善其他象限的问题。

需要注意的是，文化在企业内部是完全统一的；相反，不同的人可能在每个象限中花费不同的时间。例如，一个格局小的领导，其下属可能会花很多时间在耗费精力的象限上，与另一位优秀领导的下属体会到截然不同的企业文化。你可以通过匿名调查的形式，调查员工对 4 个象限工作的时间分布，接收对不同部门管理者的反馈，对管理者进行培训。类似地，根据种族、性别和宗教对员工分组，做匿名调查，考察团队是否具备多样性和包容性。

## 多样性的重要性和危险象限对少数族裔的影响

创建多元化团队具有积极的经济意义。麦肯锡于 2015 年发布的一份针对 366 家上市公司的报告发现，在管理领域，民族和种族多样性处于前四分之一的公司，实现高于平均水平财务回报的可能性要高出 35%。[8] 团队中一元化的问题也会导致产品失败，有一些还被公开曝光。

为了创造出适合多元社会的产品，我们不仅需要团队的多元化，还需要营造出一种企业文化，让任何肤色、性别和种族的人都能更好地协同工作。科技行业经常关注工作流程和多元化招聘。但一旦我们审视文化的 4 个象限，就会清楚地发现，通过招聘解决多样性的问题是必要的，但还不够。

有色人种经常遭遇许多的不公平待遇，增加了他们在耗费精力象限的时间。皮尤研究中心（Pew Research Center）[①]2017 年

---

① 皮尤研究中心是美国的一家独立性民调机构，总部设于华盛顿特区。该中心对那些影响美国乃至世界的问题、态度与潮流提供信息资料。——译者注

的一项调查发现，大约62%在STEM（科学、技术、工程和数学）领域工作的黑人员工表示，在工作中经历过种族歧视，包括同工不同酬，到工作中不断被怠慢等。[9]数据还证实了薪酬的不平等——例如，2018年，全职工作的黑人女性收入为白人男性的61.9%。[10]

在STEM领域，有色人种不得不面对一种普遍的偏见，即被认为工作能力差。根据皮尤研究中心的一份报告，"在STEM领域的员工中，45%的黑人表示他们有过类似经历"。[11]因此，黑人会觉得有必要更加努力地工作，以打破这种刻板印象，他们愿意将更多的时间花在英雄主义的工作上，这个象限里的工作大都有挑战性，出色地完成任务就能被认可。

同样，这种偏见可能意味着他们难以被委以重任，才能没有机会被充分发掘。因此，他们花在有意义的工作上的时长会减少。他们需要承担更多的行政任务或重复性的工作，而同事则不必，因此增加了他们枯燥乏味的工作时长。

最终的结果是，少数族裔通常会经历类似图7-2的企业文化。

在谈论工作中的这些象限，你需要意识到，少数族裔更易被耗费精力的工作困扰。耗费精力的工作在职场往往很难开展对话。关于如何进行对话，玛丽-弗朗西斯·温特斯（Mary-Frances Winters）的《包容性对话：跨越差异培养公平、同理心和归属感》（*Inclusive conversations: foster Equity, Empathy, and Belonging*）提供了一个很好的参考。

对话是一个重要的开始，但如果这些讨论没有后续行动，

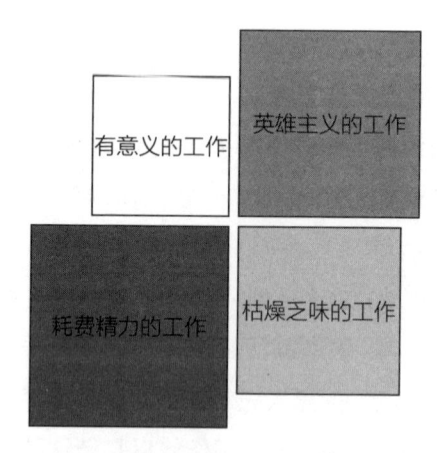

图 7-2　少数族裔通常会经历的企业文化

团队会认为这些讨论浮夸而空洞。采取行动并通过迭代改进文化时，需要定期追踪。

可汗学院的愿景是为任何人、在任何地点创造顶级的教育。为了实现这一愿景，前副校长梅里·奎伊（May-Li Khoe）意识到，团队组成应该像网站的用户一样多样化。奎伊开展了一项工作情况调查，以评估多元化团队是否能齐心协力地工作。该调查每周进行一次，调查让人自然地联想起了企业文化的 4 个象限，她和我分享了她的调查，其中有 5 个陈述：

- 我觉得自己在这个团队里很有价值。
- 我有机会在这个团队中学习和成长。
- 在这个团队中，我得到了取得成功所需的支持。
- 上周，我的工作状态很稳定。
- 我为正在做的工作感到骄傲。

每周一次的调查结果都会有反馈。例如,如果员工的工作状态不稳定,她会在跨职能会议上倡导调整项目计划,避免英雄主义的工作成为常态。奎伊还努力避免不公平的待遇,如团队中的薪酬差距。奎伊的聘用条件是基于市场价格的,她向候选人传递的薪资期望是:聘任条件是精心设计的,不可讨价还价,以避免薪酬差距。因此,有些员工得到的工资待遇大大高于期望,进而减少耗费精力的工作。

## 心理安全感的重要性

在开诚布公的环境里,大家可以轻松地畅谈有意义、英雄主义、枯燥乏味和耗费精力的工作。实际上,这样的环境非常有利于激进式产品思维的传播。例如,在制定愿景和战略时,需要听取不同的意见来完善想法。在坦诚、合作式的讨论中,也更有可能交流决策原因,并把指标当作企业成长的工具。

令我最难忘的团队合作是与乔迪·凯茨和尼迪·阿加瓦尔合作创建激进式产品思维。我们对彼此的独特观点互相尊重,也就意味着我们可以做自己。任何人都可以分享不成熟的想法——事实上,这些不成熟的想法往往成为其他人思想的核心。例如,讨论问题时,我可以自由地分享观点,并随时纠正自己,甚至在更细致地分析后,又收回刚才的想法。白板环节令思想火花四溅——无法分辨白板上的主意到底是谁的。我们会逐渐成为学习型组织。

1999年，哈佛商学院的教授艾米·埃德蒙森（Amy Edmondson）将心理安全感定义为：团队不会因为某人犯了错，寻求帮助、信息或反馈而轻视他。[12] 在一项旨在对医疗团队使用新技术情况的研究中，被研究对象主要做复杂的心脏手术。研究发现，手术效果最好的团队，所有成员都积极参与手术过程（无论资历或名望），都能随时说出手术中出现的问题或者提出相关的解决办法。[13]

因此，有心理安全感的团队创新能力更强。例如，一名护士突然想到解决问题的办法，使用一种被遗忘已久的叫作"铁夹"（iron intern）的钳子，自此，团队就一直使用这种工具。在其他没有心理安全感的团队，即使团队成员发现了改进的机会时，也怯于说出想法。

心理安全感为团队成员提供了良好的人际关系氛围，进而形成了相互学习的氛围。

尽管心理安全感对团队来说很重要，但并不是所有团队都能做到。回想起我在爱维德科技公司工作的日子，管理层有意识地为大家营造心理安全感。

在爱维德科技公司刚刚工作的几个月，我就有机会与首席执行官们参加每月一次的战略会议，其中包括麦克·洛克威尔（Mike Rockwell），当时他是爱维德科技公司的首席技术官，现在主管苹果公司的增强现实和虚拟现实项目。会议上，我描述了客户对产品特色的要求，洛克威尔认为产品已经具备该特色。我记得我和他当面争论，解释了为什么情况并非如此，并概述了所需做的工作。洛克威尔不仅鼓励了我，还认同了我的

# 第 7 章
## 企业文化

观点。

此次交流的不同寻常之处在于,当时我刚入职 6 个月,虽然在技术方面有所专长,但我不是专业软件工程师——但我可以与首席技术官进行技术辩论,并让他听到我的声音。这就是心理安全感。人类天生会尽全力保留面子,避免承认错误。洛克威尔本可以避免当众承认我是对的,但他在用行动向其他领导表明,领导犯错也是可能的。

他还鼓励当面辩论——我不必小心翼翼地不敢反驳他。因此,我们可以快速讨论细节并做出决定。他塑造了一种个人关怀的文化,也是一种直面挑战的文化,作者金·斯科特(Kim Scott)称为"企业管理中的坦诚相见"。[14]

在爱维德科技公司工作,企业管理中的坦诚相见之所以能实现,是因为我经常与洛克威尔互动。如果我们只有一次交流机会,我会谨慎些,而不会冒被大家视为"盛气凌人"的风险。在爱维德科技公司,高管们奉行真诚的开放态度。我们广播小组通常一起在自助餐厅吃午饭,洛克威尔偶尔也会加入我们。管理层的平易近人为企业管理中的坦诚相见和心理安全感奠定了基础。

爱维德科技公司的管理层定期在互动中强化员工的心理安全感。结果是,15 年后的今天,我仍能回忆起一起工作时的快乐。

文化的激进式产品思维为你提供了一个系统的方法来构建团队需要的良好氛围,以解决难题和构建成功的产品:最大限度地提高内在动力。文化象限图为你提供了一个对话的框架，借助它，你可以清楚地表达团队的文化，并以此创建一个可行的计划。如果我们想要通过成功的产品为所有人创造一个更美好的世界，那么除了要有清晰的愿景、战略和执行，我们还必须营造一个适合每个人的工作环境。

### 本章关键点

- 激进式产品思维中，企业文化被视为一种产品：创造良好工作环境的机制，良好的环境可以最大限度地激发员工内在动力，帮助团队茁壮成长。
- 企业文化是工作和日常互动的累积。
- 企业文化象限图从两个维度表示企业文化：是否满足和是否紧迫。矩阵图把工作分为4个象限：
    1. 有意义的工作象限：既不紧急，又令人感到满足的工作，工作中大部分成就感的来源。
    2. 英雄主义的工作象限：在时间紧急的情况下，令人感到满足的工作。偶尔的压力会给工作增添乐趣，但是太多的压力会让人精疲力竭。
    3. 枯燥乏味的工作：没有成就感，但又比较紧急的工作。通常是组织运转所必需的工作，但这些工作就像在仙人掌上行走：让人非常痛苦。
    4. 耗费精力的工作象限：不紧急，但非常耗费精力的工作。包括努力与上级沟通，或感觉自己受到了不公平的对待。

# 第 7 章
## 企业文化

- 示意图帮助你对企业文化有一个清晰的愿景：让有意义的工作时长更长，让其他危险象限的工作时长更短。
- 理解每个工作象限的活动，对于制定 RDCL 策略至关重要，能帮助你找到花在危险象限时间的根本原因。
- 为了实现团队的多样化，你需要意识到有色人种往往承担更多危险象限的工作。
- 良好的企业文化给人心理安全感，主要通过以下 3 方面有意识地创造：
    1. 对错误的容忍度：允许员工犯错，从错误中学习和总结。
    2. 正面沟通：关心员工，当面直接沟通。
    3. 交流频率：增加与员工互动的频率。

# 第三部分

## 让世界变成你所希望的样子

# 第 8 章 成功未必会让世界变得更美好

迭代导向的产品往往通过优化财务指标实现局部利益最大值，但在这个过程中，经常会产生令人意想不到的结果。如今，迭代主导的方法是如此普遍，以至于我们不得不接受二元观点：你可能很成功，但未必会让世界变得更美好。

越来越多的证据表明，在科技行业，失望的员工越来越意识到此种二元观点。谷歌和亚马逊公司的员工曾经举行罢工，抗议公司的产品和做法对社会产生的负面影响。[1]《神秘硅谷》(*Uncanny Valley*)是安娜·维纳（Anna Wiener）在硅谷的工作回忆录，她试图在科技行业找到有意义工作，该书成为《纽约时报》(*New York Times*)的畅销书。科技向善（Tech for Good）网站向科技公司员工提供了稀缺的就业机会：这份工作不会让他们受到良心的谴责。[2]

这些例子反映出，在科技改变世界思想的鼓舞下，涌入科技行业的年轻人，他们的不满情绪日益高涨创新。在一段时间内，层出不穷的产品和不断涌现的初创公司带来的改变看似是一种进步。但最近的研究表明，技术并不总是让世界变得更好。[3]

下面是我的一段亲身经历，让我体会到一个听上去很有前途的创新项目，实际上却存在潜在问题。儿子7岁的时候，一天放学回到家，他兴奋地向我介绍一款被称作"数学奇才"（Prodigy）的游戏。班上的数学老师把它介绍给数学成绩优异的学生，激发他们对数学的兴趣。这款游戏在他的朋友中很受欢迎，他请求我跟他一起玩。后来，我才知道，我那10岁的数学成绩优异的女儿，当时也玩过这款数学游戏。然而，她却不像弟弟那样热衷。

了解"数学奇才"玩法后，我很快就明白了它受欢迎的原因——游戏里，你可以选择角色（让人联想到宝可梦游戏），通过正确回答数学问题来击败对手。游戏的设计显然是针对男孩的。研究表明，玩电子游戏的动机因性别而异：男孩通常想在游戏中竞争（决斗、比赛），使用枪支和炸药，而大多数女孩玩游戏的主要动机是完成任务（收集物品、完成任务），沉浸在与现实不同的世界中。[4] 这种差异体现在孩子对游戏的看法上，就连2017年"数学奇才"的营销视频都是男孩挥拳的画面，而女孩几乎没有出现在视频中，在短短的几秒内，她们没有表现出同样的热情。[5]

我好奇地想知道孩子们是否认为"数学奇才"游戏是为特定的性别设计的，于是我询问了他们。"当然是男孩。"儿子回答说。我女儿酸溜溜地补充道："不过别担心，下一个版本是为女孩设计的，如果回答正确，会有迪士尼公主邀请你去喝下午茶。"连7岁和10岁的孩子能够看穿产品中的性别定位。

2018年，"数学奇才"网站上发布的一段视频进一步证实了该产品的性别倾向。这段视频旨在向父母推广会员资格。视

# 第 8 章
成功未必会让世界变得更美好

频里，一个小男孩因为"数学奇才"游戏开始喜欢学数学，轻松地做乘法和除法。"9×9得多少？81！太简单了！"他惊呼道。接着是一个热情的小女孩继续推荐："我也很高兴成为会员。在这款有趣的游戏里，你可以换新发型、新衣服、新帽子、新鞋子。"视频里，女孩对学习或数学只字未提。[6]

产品设计是可以实现平等地对待所有儿童，不带有性别倾向。可汗学院有意识地这样做了。可汗学院前设计副总裁梅里－奎伊在与我的交谈中，解释道：

> 可汗学院的使命是给任何地方的任何人提供免费的、优质的教育。对我来说，这意味着我们正在努力创造一个更公平的世界。我希望这种公平的视角渗透到工作的方方面面，这也需要我们加倍地努力。
>
> 这意味着我要花时间确保决策与愿景相一致，包括挑选和指导团队成员。这意味着我和团队在工作的每个环节贯彻平等的价值观念，在我们所有的工作中强化公平的精神，例如创建"摄影使用指南"来打破人们脑海中的刻板印象。通常，这些努力付出无法反映在公认的财务指标上，但我们知道它会影响品牌，影响到所有观看课程的学生和老师。

可汗学院的视频制作视角是中性的。可汗学院的内容团队非常努力,甚至连应用题中使用的人名也考虑到多元化。虽然这些在包容性方面的努力可能无法对财务指标产生直接影响,但它们肯定会对我女儿产生积极的影响。

在优化财务指标的过程中,"数学奇才"游戏寻求局部利益最大化——在教男孩数学方面很有效(至少我儿子和他的朋友们受到影响)。但它的负面影响是在课堂上传播性别不平等。"数学奇才"游戏把女生排除在外,错过整体利益最大化。而可汗学院则采取了由愿景驱动的方法追求整体利益最大化。

在开发产品的过程中,我们不断地选择,要么追求整体利益最大化,要么满足于局部利益最大化。在线教育只是其中一个例子,当下的数字化产品触及人们生活的方方面面,包括与朋友保持联系的社交平台、约会平台,[7] 决定我们能否获得信贷的平台,[8] 招聘平台,[9] 面试平台,[10] 甚至法庭审判相关平台等。[11] 在上述每一种情况下,数字化产品在给人们带来某些便利的同时,也造成了意料之外的负面影响。

众所周知,化石燃料以及其他工业时代的副产品危害人类的健康,导致了全球气候危机。在数字时代,一种新型的污染,再加上科技行业的无序快速增长,正在对社会产生意想不到的深远影响。这种通过数字化产品造成意料之外损害的新趋势,我称为**数字污染**。但与任何一种新的污染形式一样,认识到它们的危害需要时间。为了更负责任地建立业务和开发产品,我们必须认识和理解数字污染的影响,它们的影响大致可以分为5类。

# 第 8 章
## 成功未必会让世界变得更美好

## 数字污染 1：加剧不平等

把固有的偏见带到数字化产品中，反映甚至放大了社会中的刻板印象，进而加剧不平等是一种常见的数字污染形式。"数学奇才"游戏就是一个例子，它加剧了 STEM 领域教育中的性别不平等。

随着人工智能产品的普及，日益加剧的不平等是对社会的严重威胁。2020 年，在人工智能道德领域享有盛誉的研究员提姆尼特·格布鲁（Timnit Gebru）被谷歌公司开除，原因是她撰写的一篇论文指出支撑谷歌搜索引擎的语言模型存在缺陷。该系统使用的在线文本，包括维基百科词条、在线书籍和文章，这些文本包含大量带有偏见和仇恨的语言。她的研究指出，如果人工智能系统被训练成使用这种语言作为规范用语，将产生严重后果。[12]

格布鲁主张为人工智能建立更谨慎的训练模式，并对人工智能的开发采取基于愿景的方法，以防止类似形式的数字污染发生。

除了通过产品中的偏见加剧不平等之外，商业行为也会加剧不平等。数字经济使财富分配不平等程度达到了经济大萧条以来的最高水平。[13]几十年来，由于工会的衰落和业务外包，经济衰退的风险已经从公司转移到工人。工作形式从有充足养老金计划的终身聘用制转向零工经济，在零工经济中，工人通常没有医疗保险。公司只有在需要的时候，才会聘用工人——任何经济衰退或需求减少的风险均由工人承担。[14]

一些经济学家曾认为劳动法的削弱将刺激科技行业的增长，进而提高工人的工资，但现在他们意识到这可能并不现实。[15] 研究人员称，每一个使用新技术来提高生产率的行业，都会导致就业率下降。[16] 从本质上说，自动化正在把工人推向低薪。

在同一时期，股份回购达到创纪录的水平，主要受益者是股东和高管。[17] 日益严重的不平等使人们对资本多数决原则（majority rule）更加失望。[18] 加剧不平等的数字产品正在助长数字污染，制造一个日益分裂的社会环境，破坏社会稳定。[19]

## 数字污染 2：注意力被劫持

1997 年，理论物理学家麦克·戈德哈伯（Michael Goldhaber）在发表的文章中提到**注意力经济**的概念，引发广泛关注。注意力经济是指公司、有影响力的组织和实体都在争夺一种有限的资源：客户注意力。[20] 每一封电子邮件、信息提示或通知都在试图劫持你的注意力，让你处于持续的警觉状态，害怕错过。注意力不断被劫持有两个不利的影响。

第一，为了保持高度警觉的状态，人体会释放出应激激素肾上腺素和皮质醇——若干项研究已经说明了频繁使用智能手机和压力水平之间的关系。[21] 虽然这些机制在短期内帮助我们应对压力，但长期而言，高水平应激激素释放对健康不利。研究表明，高激素水平会使脑细胞产生炎症，甚至会导致抑郁。[22]

# 第 8 章
## 成功未必会让世界变得更美好

第二，注意力的不断分散降低了我们解释和分析信息深层含义的能力。研究表明，大量的互联网用户对信息浅加工，即输入大量的浅层信息。[23] 如果我们无法理解事物的深层含义，我们就很容易随声附和，无法深度思考。

社会的繁荣依赖于深度思考。但深度思考，就如同注意力，越来越稀缺。要理解为什么社会需要深度思考，不妨思考一下20世纪90年代初，南非从种族隔离过渡到民主的例子。有些白人至上主义者煽动追随者拿起武器保护他们的特权和财产，有些黑人领导人则要求对种族隔离的暴行进行反抗。这可能是整个国家陷入暴力的开始，但纳尔逊·曼德拉（Nelson Mandela）和F.W.德克勒克（F. W. de Klerk）用共同愿景激励了这个国家。他们成立了真相与和解委员会（Truth and Reconciliation Commission），承认这些暴行并开始采取非暴力反抗。该委员会传递出的鼓舞人心的思想引起了民众的共鸣，南非和平过渡为一个统一民主国家。

为了让社会正常运转，人们的大脑需要留出足够的空间，进行深度思考，而不仅仅是随声附和。那些旨在吸引用户注意力的产品会侵蚀我们吸收信息的能力，从而造成数字污染。

## 数字污染3：思想观念极端化

日益严重的不平等和注意力分散为思想观念极端化创造了肥沃的土壤。虽然思想观念极端化的出现有一些原因，包括有线电视新闻的党派化、政党结构的变化、种族分化等思想的极端化，但数字产品的出现也起到了推波助澜的作用。

由于注意力是一种稀缺资源，提高用户黏性的常用方法是获得粉丝们的"关注""点赞"和"收藏"。研究表明，这些形式的认可会导致人们发布极端化的内容，表达道德愤慨。[24]

算法也在加剧思想观念极端化。例如，油管在2012年推出了一种推荐和自动播放视频的算法，效果非常好，其中用户浏览超过70%的内容是由平台推荐的。[25]

然而，在推荐的过程中，油管在一定程度上助长了阴谋论和激进言论。[26]观看油管推荐的相关视频后，它会向你推荐另一些更极端的视频——例如，刚开始，你原本想观看几个关于营养的视频，观看之后，你会被推荐收看极端节食视频，视频推荐越来越极端，这被称为兔子洞效应（rabbit-hole effect）。[27]

参与这个算法研究的谷歌公司前员工纪尧姆·查斯洛特（Guillaume Chaslot）在一篇博客中解释了激进化思想趋势的影响。这种算法造成了恶性循环。例如，一些人可能出于好奇点击一个名为"地球是平的"的视频，因为该视频很吸引人，所以它被推荐了数百万次，获得了数百万的浏览量。随着浏览量增多，越来越多的人观看它，一些人认为，如果它这么受欢迎，内容一定是真实的，并且开始质疑主流媒体为什么不分享如此"重要"的信息。最终的结果是他们在油管上花更多的时间，看更多的阴谋论视频。

实际上，人工智能算法通过诋毁其他媒体，增加平台用户黏性。当其他媒体受到质疑时，人们在油管平台的观看时间就会增加。[28]

查斯洛特在分析油管的推荐算法时发现"媒体在撒谎"的主题重复出现。在2016年的美国总统选举中，一些总统候选人对媒体批评非常激烈，油管对他们的推荐比其他候选人要高出4倍。同样，在2017年法国总统大选中，3个推荐最多的候选人是对媒体批评最多的。[29]

思想观念极端化的产品会增加社会的分裂和不信任，造成数字污染。

## 数字污染4：隐私被侵蚀

在过去几年中，随着数据存储成本以指数级下降，个人数据的价值也在公司估值中越来越高，因此公司在构建产品的同时，都喜欢积累用户数据。在不确定特定类型的用户数据是否有用时，更明智的做法是先收集，也许以后会有用。例如，通信应用程序WhatsApp对脸书①非常有价值的一个重要原因是，该公司存储了用户打电话的时长以及对象等重要数据，这些数据是脸书无法通过其平台获知的数据。[30]

一方面，个人数据帮助企业构建更好的产品，帮助我们更多地了解用户，为用户定制产品。但另一方面，个人数据也可以用来影响用户决策，操纵用户行为，甚至影响他们的个人

---

① 脸书（Facebook）现已更名为元宇宙（Meta）。——编者注

声誉。

作为消费者，我们都被商家询问过，是否愿意填写个人资料以换取免费礼品。我们往往不注意保护个人数据，经常会说："我没有什么要隐瞒的。"这种普通消费者的心态也会被代入产品开发，企业认为收集用户数据的行为无可厚非。

然而，这种做法会对社会造成意想不到的损害。也许你的个人数据并不重要。但是，如果权威机构利用个人数据，恐吓人权活动家或记者，甚至诋毁他们，从而阻止社会进步，情况会如何？侵犯隐私就是侵蚀民主。

隐私不是少数人专属——因为少数人的数据可能会被利用，遭受攻击，仅仅保护少数人的个人数据是不可取的。隐私要么是为所有人，要么不为任何人。倡导保护隐私的人不应该只是少数人。如果我们对隐私的重视程度不足，不能把保护每个人的个人数据作为基本社会准则，那么社会会变得越来越糟糕。

我们应当这样思考：隐私不仅仅是一种权利，它也是一种责任。我们需要用由愿景驱动的方法来收集和存储数据，以避免因侵蚀隐私而产生数字污染。

## 数字污染 5：信息生态系统被侵蚀

20 世纪 90 年代和 21 世纪初，早期的互联网发展为全球范围内知识的民主化带来了希望——任何人轻点指尖就可以搜索信息。但近几十年来，社交媒体和平台改变了我们分享和发

# 第 8 章
## 成功未必会让世界变得更美好

布信息的方式，我们目睹了真相本身被虚假信息所干扰。

最近一次乘坐出租车途中，我和司机文森特（Vincent）聊起了政治。他分享了读过的各种新闻，每次他都不忘加一条免责声明："这些是我读到的，不知道是不是真的。"他的话揭示了信息生态系统被虚假信息所充斥的事实，以及虚假信息的惊人传播速度："多年前，我打开一份报纸，感觉自己知道了事实真相。如今，只要是我想了解的信息，有各种途径获取它，我却无法判断是否真实。"

在数字时代，一些最著名、被广泛使用的产品已经侵蚀了我们获取知识和事实的途径。例如，在日常谈话中，遇到的任何问题，我们会下意识地选择谷歌搜索。然而，虽然谷歌提供了强大的搜索工具，让信息触手可及，但它的商业模式本质是让花钱最多的人来决定"真相"。大约95%的网络流量停留在搜索结果的首页，很少有人会翻看搜索结果的第二页。这意味着如果你能在搜索引擎优化（search engine optimization）和搜索结果排名（search result placement）上投入足够多资金，你的网站就能被列在第一页，而搜索该主题的人会认为这些内容是真实可信的。[31]

历史是由胜利者书写的。例如，罗马皇帝们为了证明他们与生俱来的统治权力，通过编写神话来讲述他们的神圣起源。但是创造"真相"需要相当多资源；今天这一门槛要低得多。

指出这些问题时，我并不是在重提勒德分子（Luddite）[①]的观点，也并不是拒绝数字时代。但是技术和无处不在的信息也不是灵丹妙药——信息的传播也需要由愿景驱动的方法来实现我们期望的世界。侵蚀信息生态系统的产品创造了一个悖论：信息量越大，获取知识反而变得更加困难。

各种形式数字污染引发的负面影响逐渐显现。随着不平等加剧、思想观念极端化、注意力被劫持、隐私和信息生态系统被侵蚀，操纵大众变得更加容易。

2014年，一项针对100多万用户的实验证明，脸书通过推送的实时新闻内容，可以让用户产生积极或消极的情绪。[32]早在2010年，利用脸书操纵选举就被人所知，但直到2018年剑桥分析公司（Cambridge Analytica）的丑闻[②]曝光后，公众才更加充分地意识到该平台对总统选举的影响力。[33]

所有这些形式的数字污染破坏了稳定、民主的社会结构。我们大多数人一直都相信产品创新可以让世界变得更美好。由于期待是美好的，我们难以接受产品和公司对社会造成的损害。

---

[①] 勒德分子是19世纪英国工业革命时期，因为机器代替了人力而失业的技术工人。他们有组织地进行抗议示威活动，冲入工厂，驱赶工人，打砸机器设备，希望通过这样的方式让社会了解他们的诉求，并使社会回归到工业革命以前的状态。——译者注

[②] 剑桥分析丑闻，指8700万脸书用户的数据被不当泄露给政治咨询公司剑桥分析公司，用于在2016年总统大选时支持美国总统特朗普。——译者注

## 第 8 章
### 成功未必会让世界变得更美好

但是,我们必须记住,首先承认和明确环境污染的存在,企业才会认真考虑污染对环境的影响和治理。同样,只有当我们敢于承认数字污染,才能为产品负责。

承认产品会造成数字污染的事实通常是困难的,因为产品决策的出发点绝没有恶意。因此,在毫不知情的情况下,我们是如何制造数字污染的呢?

以产品迭代为导向时,我们并没有意识到是在追求局部利益最大化。正如为了拯救棋盘上的几个棋子,我们错过了最有利长远的一步棋,也就是整体利益最大化,即用户利益和社会福利。在迭代主导的方法中,我们在市场上测试产品功能,了解客户的反应,然后继续进行迭代。但评估客户的喜好常常会基于财务指标,典型的财务指标包括营业收入或在线时长。因此,迭代导向的方法通常只优化财务指标,而不考虑用户利益或社会福利。

迭代主导的方法追求赢利最大化,它通常伴随着一种思维模式:一切已就绪,现状随时可以被打破:"要么颠覆,要么被颠覆!"但是没有明确目标的颠覆和"打破现状"[34]往往会给社会带来意想不到的伤害。

打破现状导致社会恶化的实例是对美国新闻业商业模式的长期诟病。一项对经济合作与发展组织(OECD)成员国思想极端化的研究发现,美国经历了最大的思想两极分化。其中一个主要原因是有线电视新闻的诞生,这种基于广告收入的商业模式要求高收视率,并导致更加两极分化的内容。[35]事实上,该研究指出,在同一时间段内,政治两极化减少的国家,公共广播获得的公共资金比美国多。美国媒体和广播行业现状被打破的实例说明，并不是所有为了商业利润**可以被破坏**的东西都**应该被破坏**。

在创造产品的同时追求利润，我们不能忽视对社会的影响。这并不是轻视追求利润的重要性。图 8-1 说明了不同的利润和目标给组织带来的影响。没有明确目标而只追求利润的组织会造成数字污染。相比之下，有明确目标、不考虑利润的组织是慈善机构。慈善机构非常重要，但无法承担创造美好世界的全部责任——与慈善机构相比，商业世界影响数十亿人的生活。为了实现可持续增长，社会需要更多的企业在追求利润的同时以愿景为导向。

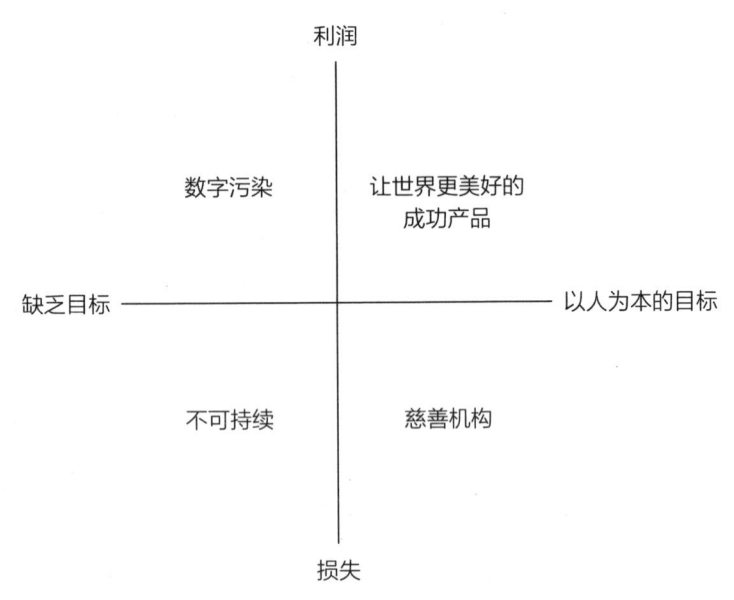

```
                    利润
                     │
                     │
         数字污染    │   让世界更美好的
                     │     成功产品
                     │
   缺乏目标 ─────────┼───────── 以人为本的目标
                     │
                     │
         不可持续    │    慈善机构
                     │
                     │
                    损失
```

图 8-1　不同的利润和目标给组织带来的影响

# 第 8 章
## 成功未必会让世界变得更美好

新冠疫情的暴发凸显了我们的社会问题。单靠迭代并不能解决问题——未来需要对每一个产品都采用愿景驱动的方法。例如，在美国，医疗保健系统的设计模式是为那些能够负担的人提供优质的医疗服务。即使在新冠疫情之前，这种模式对美国人来说也是一种压力。高达 25% 的美国人由于费用上涨而推迟对严重疾病的治疗[36]。最富有的美国人的预期寿命比最贫穷的长 10~15 年。[37]

目前美国医疗的商业模式导致了日益扩大的经济不平等。据报道，美国超过 1.37 亿人因医疗支出和多年来的医疗债务而陷入经济困境，医疗债务一直是个人破产的主要原因。[38] 与没有医疗债务负担的家庭相比，这些家庭的孩子有更少的机会接受教育。当前医疗体系产生的意想不到的后果是，它使美国的财富不平等延续下去。读完这一章，现在你的脑海里一定有了数字污染的概念。

今天美国的医疗体系源于自由市场的思想，即自由市场的私有化体系是有效的，是对社会有益。当前的医疗体系不是由明确的医疗保健愿景所驱动，它已经沦为迭代导向的牺牲品，许多参与其中的公司在短期内提高利润，实现了局部利益最大化。例如，由愿景驱动的医疗体系应该从将健康视为一项人权开始，以为社会造福为愿景。因此，需要系统地设计医疗体系"产品"，以实现这一愿景。

21 世纪 20 年代开启了一个新时代，这个时代要求我们以不同的方式生产产品。激进式产品思维是这个时代的一种新思维，因此我们可以系统地构建由愿景驱动的产品，把世界变成

**产品至上**
如何通过产品改变世界

我们期望的样子。

> **本章关键点**
>
> ● 数字污染是不受管制的技术发展对社会造成的意料之外损害，正如环境污染是不受管制的工业发展对社会造成的损害。
>
> ● 我们可能会认为，只有少数科技巨头才会制造数字污染。在现实中，意想不到的后果和数字污染是普遍存在的。
>
> ● 数字污染在以下 5 个主要方面破坏了社会结构：
>
> 　数字污染 1：加剧不平等
>
> 　数字污染 2：注意力被劫持
>
> 　数字污染 3：思想观念极端化
>
> 　数字污染 4：隐私被侵蚀
>
> 　数字污染 5：信息生态系统被侵蚀
>
> ● 谋求社会福利的责任不能只落在慈善机构身上——商业世界会影响上亿的人。
>
> ● 你可以构建由愿景驱动的产品，避免数字污染——只要你有创造变革的想法，任何东西都可以成为你的产品。

# 第 9 章 希波克拉底产品誓言[①]

2017 年夏天，我和家人去葡萄牙自驾游。我们来到了一座名叫巴塔利哈（Batalha）的小镇，这里的主要景点是一座美丽的多米尼加修道院，建于 15 世纪早期。

这座修道院在建筑史上堪称奇迹：星形拱顶的设计独具匠心，跨越 19 平方米，还没有中心支撑！建筑师大卫·休格特（David Huguet）设计了这座史无前例的建筑。工程的实施过程充满风险，经过两次失败后，拱形天花板终于建成。为了证明它的安全性，休格特在拱形天花板下面睡了两晚。他冒着生命危险为所建造的一切负责，因为大家都知道他的创新型设计有危险。

直到现在，在技术领域开发产品产生的后果才开始日益凸显，因此，一直以来，我们对新产品产生的后果并不关注，这种不关注体现在脸书早期的座右铭"快速行动，打破常规"（move fast and break things）中，并被广泛传播。脸书的建立是

---

[①] 希波克拉底誓言是以古希腊医生希波克拉底的名字命名的，确定医生对患者、对社会的责任及医生行为规范的誓。直到 17 世纪，在西欧国家每个医生就业时还必须按此誓言宣誓。——编者注

**产品至上**
如何通过产品改变世界

基于现有的、非革命性技术之上的。真正令人感到震惊的并不是它的技术，而是它所产生的影响力，给了它改变民主的力量。除此之外，其他层出不穷的数字化平台的影响力增长速度甚至超过了脸书。

脸书花了两年时间才突破 5000 万注册用户。截至 2016 年，照片墙（Instagram）用了 19 个月的时间实现了同样的里程碑。相比之下，抖音国际版（TikTok）在两年内增长到了 5 亿用户。1969—2019 年，科技比上一个 50 年（1919—1969 年）更快地普及大众。[1] 图 9-1 和图 9-2 分别显示了从 1919—1969 年和 1969—2019 年两个 50 年的技术产品普及速度比较。技术产品普及的增长速度加快了企业产生巨大影响力的速度。

1919—1969 年，技术产品在美国家庭的普及率
技术产品普及率 – 美国家庭使用某项技术产品（冰箱、家用冰箱、收音机、固定电话、汽车、彩色电视机）的百分比

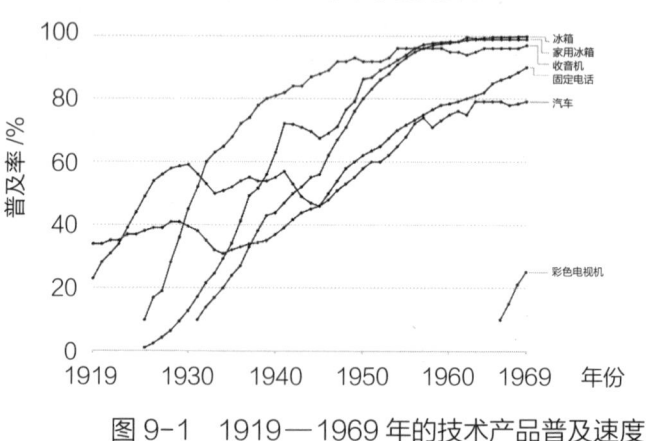

图 9-1　1919—1969 年的技术产品普及速度

资料来源：Comin and Hobijin（2004）及其他。

## 第9章 希波克拉底产品誓言

1969—2019 年，技术产品在美国家庭的普及率
技术产品普及率 – 美国家庭使用某项技术产品（移动电话、彩色电视机、电脑、互联网、智能手机、社交媒体、平板产品）的百分比

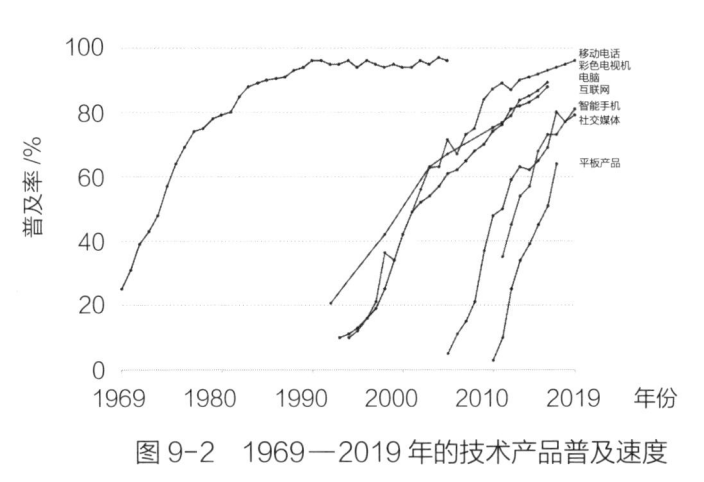

图 9-2　1969—2019 年的技术产品普及速度

资料来源：Comin and Hobijin（2004）及其他。

直到 19 世纪晚期，大多数企业产生的影响力都是有限的。今天，与以往任何时候相比，公司都能更快地影响到数以百万计的人。

当今世界，创新技术和产品以越来越复杂的方式迅速影响数百万人。与休格特的星状拱形天花板不同，我们尚不完全了解新产品产生的后果，因此，我们也无法期望设计师们对所创造的产品负责。我们刚刚开始发现，如果没有一个系统的方法，我们会越来越多地看到世界正在以始料未及的方式发生着改变。

开发新产品时，我们的首要工作就是发现问题，再设计产品来解决它。医生治疗患者也非常类似：首先诊断患者病

情，分析原因并进行治疗。但是想象一下，如果医生对你说，"我知道你生病了，这种药可以治愈你的病。但它可能对你有严重的副作用，但我不对产生的副作用负责"。这种态度令人不可思议。不能对患者身体健康负责的医生怎么有资格给人看病呢？

虽然这一理念现在看来显而易见，但它并非一直如此。希波克拉底誓言最早出现在公元前4世纪前后，但直到18世纪才被纳入医学领域。人类花了很长时间去理解围绕医学的伦理问题，副作用的存在，以及治疗过程意想不到的后果。

在创建产品的过程中，我们和医生一样需要希波克拉底誓言。我们开始意识到，正如医生的工作，伦理问题也体现在社会生活的方方面面，甚至是一些简单的决定。在过去，一项新技术刚出现时，道德问题会引发讨论——例如，武器技术或试管婴儿。现在，我们发现即使一些技术变革不具有革命性，道德问题也会渗透到商业模式和决策中。

让我们以"OK丘比特"（OKCupid）为例来说明。"OK丘比特"是一个免费的在线社交平台，在美国具有很强大的影响力。但据网站发现，黑人女性收到约会邀请比例远低于平均。[2] 大多数约会网站使用协同过滤技术（collaborative filtering）向你推荐心仪对象的个人资料（类似于奈飞公司推荐电影的方式）。事实证明，这种方法强化了社会偏见。当多数用户对某些人的信息不感兴趣时，算法不再推荐这些信息。为了优化产品使用和实现业务目标，我们往往会在不知情的情况下牺牲客户的利益。

## 第9章
### 希波克拉底产品誓言

虽然这些牺牲客户利益的行为频频出现中，但由于判断成功的标准是一些公认的财务指标，比如营业收入和客户终身价值等。其结果是，大家对将赢利置于用户利益之上已经习以为常，并接受产品对社会造成意料之外的损害。

将赢利置于数字污染之上的行为就如同乱扔垃圾。研究人员发现，垃圾遍地的停车场里，人们更可能乱扔垃圾——毕竟，其他人也这么做。我曾经与一位生产数字克隆体（a digital replica of a person）的企业家进行交流，他的话恰好印证了乱扔垃圾的类比。该产品使用人工智能技术扫描人的所有数据，创造出与本人外貌和嗓音都很像的数字克隆人，数字克隆人还可以与其他人互动。他很自豪地说，这项技术可以重现已故的人。当我问他是否考虑过该产品是否符合道德规范时，遗憾的是，他的回答似曾相识："即使我不创造它，也会有人去做的。"

还有人甚至将乱扔垃圾的行为视为英雄主义："至少是我们创造了它，管控它做正确的事情。我们是在做好事。"尽管 WhatsApp 创始人简·库姆（Jan Koum）努力打造自己捍卫隐私的人设，但 WhatsApp 正在记录大量元数据（metadata），包括用户的通话对象以及时长。[3] 这些元数据具有巨大的商业价值。例如，如果一位正在接受审核的举报人给记者打电话，即使通话内容可以保密，但记者的接听记录和电话号码信息被泄露也是不应该的。这些创始人自欺欺人地认为，他们收集元数据，并能够保护它。[4]

公司高层通常喜欢把责任转嫁给用户，以此推脱责任：

"不管是我开发,还是别人,科技总是会发展。"所以正确使用技术是用户的责任。亚马逊公司曾向美国移民和海关执法局(US Immigration and Customs Enforcement, ICE)出售面部识别技术 Rekognition[①] 产品,并在"黑人的命也是命"(Black Lives Matter)抗议活动后,不得不暂停使用一年。在 2019 年接受英国广播公司(BBC)采访时,亚马逊公司的首席技术官沃纳·沃格尔斯(Werner Vogels)认为,亚马逊公司没有责任确保 Rekognition 被正确或符合道德规范地使用。"这项技术在许多地方都得到了应用,反响很好。技术在何种条件下适用是由社会决定的。"[5]

有些公司甚至更激进,直接将责任推给用户。普渡制药公司(Purdue Pharma)隶属于美国医药业巨头赛克勒家族(the Sackler family),在 1996 年推出了止痛药奥施康定(OxyContin)。到 2015 年,赛克勒家族的净资产估计为 130 亿美元。为了大力推广这种药物并增加其处方销售,医药代表告诉医生,患者不会对阿片类药物上瘾。为了推广大剂量处方,他们编造了关于"假性成瘾"的文献,声称如果患者看似上瘾,是因为没有得到足够剂量的止痛剂,需要给他们开出更大的剂量。实际上,这种"假性成瘾"的说法是没有任何科学根

---

[①] Rekognition 是亚马逊公司推出的一款人工智能面部识别系统,功能包括看图识脸、判断情绪、标注对象等。然而,随着亚马逊公司决定与执法部门合作部署这一系统之后,引发人们广泛的不满和批评。——译者注

据的。

21世纪初，阿片类药物成瘾的事实慢慢被公众所知，普渡制药当时的总裁理查德·萨克勒（Richard Sackler）建议医药代表把责任推给已经上瘾的患者。马萨诸塞州的庭审文件显示，在2001年，萨克勒在一封电子邮件中写道，"我们必须尽一切可能打击那些药物滥用者。他们才是罪魁祸首和问题所在。他们是鲁莽的罪犯"。[6] 在普渡制药的案例中，医药公司在市场上无序销售阿片类药物，甚至归责于用户。

上面的例子说明了"即使我不去做，别人就会去做"的心态使个人利益最大化，而牺牲了社会整体的福利。在这个过程中，它通过加剧经济不平等、思想极端化和传递错误信息破坏社会稳定——从长远来看，它并未给整个社会带来最优结果。

## 囚徒困境（Prisoner's Dilemma）

经过深入思考，我逐渐意识到，在创建产品和有影响力的公司时，是选择个人收益还是集体收益最大化的决策让人联想到博弈论（game theory），特别是图9-3所示的囚徒困境。

囚徒困境是经济学和商业战略中的经典模型，展示了我们在个人利益和集体利益之间做出选择时的动机和结果。想象一下，两个罪犯因为抢劫而被逮捕，但警方未获得确凿证据。罪犯被关押在不同的房间接受审讯。如果他们能够在互相不沟通的情况下均拒绝供认罪行（CC象限），则两人都将接受较轻的指控，被判处1年有期徒刑。为了增加罪犯供认的动机——每个囚犯都被告知，如果自首并指证对方，他将被认定有立功表现而免受处罚，而另一个人将被处以更严厉的5年有期徒刑。如果两人最终都供认罪行（DD象限），那么两人都将被判3年有期徒刑。从集体利益考虑，罪犯A和罪犯B都应该拒绝供认。

然而，囚徒们往往从个人利益出发，他们会采取的策略是自首并指证对方。所以最可能的结果，我们称为纳什均衡（Nash equilibrium），是次优选择，双方都被判服刑更长时间。

|  | 囚徒A拒供（合作） | 囚徒A供认（背叛） |
|---|---|---|
| 囚徒B拒供（合作） | CC<br>囚徒A和囚徒B都拒供都被判1年有期徒刑 | CD<br>囚徒B拒供，囚徒A供认<br>囚徒A免受惩罚，囚徒B被判5年有期徒刑 |
| 囚徒B供认（背叛） | DC<br>囚徒A拒供，囚徒B供认<br>囚徒B免受惩罚，囚徒A被判5年有期徒刑 | DD<br>囚徒A和囚徒B都供认都被判3年有期徒刑 |

图9-3　囚徒困境模型

创造新产品收益的模型（图9-4）与囚徒困境非常相似。我们可以选择追求个人利益，实现局部利益最大化（正如无序的数字污染象限）；我们也可以选择肩负社会的责任，创造产品，实现整体利益最大值（正如可持续增长象限）和社会的集

# 第 9 章
## 希波克拉底产品誓言

体利益最大化。

在资本主义社会，公司普遍采取的战略是个体利益最大化。事实上，个体利益最大化是股东资本主义（shareholder capitalism）思想发展的必然。米尔顿·弗里德曼（Milton Friedman）在 1970 年发表的一篇颇具影响力的文章中宣称，企业唯一的责任就是实现利润最大化。1981 年，通用电气公司首席执行官杰克·韦尔奇（Jack Welch）在演讲中公开表示："公司的首要责任是对股东负责。"[8]

商业企业 A

|  | 集体利益<br>（在坚持社会责任的情况下，获得利润） | 个人利益<br>（不惜一切代价地获利） |
|---|---|---|
| 商业企业 B 集体利益 | 可持续发展<br>用户利益最大化，社会利益最大化 | 数字污染<br>企业 A 不惜一切代价追求利益，企业 B 肩负社会责任的同时，获得利润 |
| 商业企业 B 个人利益 | 数字污染<br>企业 B 不惜一切代价追求利益，企业 A 肩负社会责任的同时，获得利润 | 无序的数字污染<br>短期内，实现个人利益最大化，但对社会造成损害 |

图 9-4　创造新产品收益的模型

如果企业都在追求利润最大化，其他企业也同样如此，我们会辩解，"即使我不这样做，也会有人这样做"。于是，我们走向无序的数字污染，也就是纳什均衡。在这个象限中，我们努力使个体收益最大化，但从长远来看，最终的结果对整个社会都不是最优的。

自由市场常常被当作灵丹妙药："如果客户的利益被牺牲了，他们会用手中钞票来投票。"人们相信，市场是有效的，会自行解决次优的问题。不幸的是，自由市场理论的一个关键的隐含假设是：信息是透明的，用户可以做出理性选择。然而，这一基本假设已被证明是错误的。

以"OK丘比特"平台为例，对于黑人女性，她们很难发现问题在于平台而不是她们自身。她们甚至不会知道自己收到的交友信息比平均数少很多——她们可能只是觉得自己在网上约会总是失败。搜索引擎的例子中，你很可能相信搜索引擎第一页上出现的搜索结果，认为这些信息是经过多方证实的。在普渡制药公司的案例中，患者相信医生会开出正确的药物，合适的剂量。如果医生给患者开更大剂量的药，患者会认为自己的确需要它。

## 逃离次优纳什均衡

如何避免陷入企业以牺牲社会利益为代价追求短期收益的次优选择？如何让商业巨头在肩负社会责任的同时实现赢利？这需要监管机构花大量时间思考。针对这个问题，我采访了新加坡金融监管机构和中央银行——新加坡金融管理局（Monetary Authority of Singapore）局长孟文能（Ravi Menon），他的回答是："监管固然重要，但监管本身并不是答案——我们不可能随时随地监管一切。"孟文能向我介绍了3I法则，引导企业承担社会责任：

1. 威慑或者严重后果（intimidation/consequences）：在任何社会中，当人们（或企业）对社会造成危害时，都需要严格的法律规范对其进行严惩，阻止不良的社会行为。这是监管应该发挥的作用。

2. 经济激励（incentives）：企业做正确的事情就可以得到经济效益，这符合企业逐利的性质。在获利动机的驱动下，经济激励比威慑更有效。

3. 激发内在动力（inspiration）：当认识到所从事的业务对社会的积极影响，激发了企业做正确事情的内在欲望。

接下来，让我们看看这些原则在科技行业的应用。

## 威慑或者严重后果

历史上，我们曾经目睹过法律制裁无序环境污染的实例。2014 年，英国石油公司（BP）与美国司法部就"深水地平线"（Deepwater Horizon）外海钻井平台石油泄漏事件达成了 200 多亿美元的和解协议，该事故最终导致 1.34 亿加仑的石油排向墨西哥湾。当时的美国司法部部长洛蕾塔·林奇（Loretta Lynch）公开宣布，该和解协议不仅旨在赔偿损失，而且"是对其他公司的警示，如果今后发生类似事故，责任方将对造成的损害承担相应法律责任。"[9] 如果没有严格的法律监管，企业将普遍不计后果、肆无忌惮地污染环境，因为这样做（至少在短期内）是有利可图的。

我们不能任由数字污染持续增长，显然我们需要监管。

但是制定并实施规章制度需要很长时间。17世纪的伦敦是一个工业为主的大都市，煤炭是其主要能源，燃烧的火炉和熔炉中冒出的滚滚浓烟损坏了城市建筑。但是，直到19世纪中期工业革命期间，呼吸系统疾病成为人口死亡的主要原因，人们才认识到空气污染影响身体健康。然而，迫使人们采取必要措施则花费了更长时间。直到一个多世纪后的1956年，英国终于颁布了有效的法律，显著改善了伦敦的空气质量。[10]

空气污染造成的负面影响显而易见，但英国花了300年才将其立法。数字污染则更加隐蔽，况且它还处在初级阶段，我们才刚刚开始认识到它对社会的影响。在新技术普及之前，意想不到的负面后果并不明显。此外，在不充分了解一项新技术的情况下过早地对其进行监管，也可能会抑制其潜力和发展。最终结果是，监管总是滞后的，即便有监管，我们也不能仅仅依靠监管来遏制数字污染。监管只是经济激励和激发内在动力的补充。

## 经济激励

每当公司的负面新闻公之于众时（如在造成环境污染或出现不道德的商业行为时），公司声誉和品牌形象都会受损，这促使公司不仅要考虑股东利益，还要考虑对社会和其他利益相关者的影响。

在科技行业，由于缺乏监管，公众质疑的声音会引发股价下跌，对企业起到了震慑的作用。因此，对消费者进行宣

# 第9章
希波克拉底产品誓言

传，提升消费者对不道德行为的认识，固然是非常有价值的。但是，这是一种反向激励，震慑和惩罚并不能驱使商业巨头们积极主动创造一个更美好的世界，也不是最佳方法。此外，当新的负面新闻传出时，消费者的注意力很快转移，股票价格通常会回升。每次关于脸书的丑闻曝光，股价都会无一例外地出现暂时温和、短暂的下跌，但没过多久，由于脸书的财务状况良好，股价继续攀升。

遵守商业道德可以获得经济利益是正向激励。英国商业伦理研究所（Institute of Business Ethics）的研究表明，与一些不遵守商业道德规范的企业相比，遵守商业道德规范且严格遵守的企业，其业绩水平明显超过平均。[11] 一种可能的解释是，当企业价值观深入人心时，企业每个层面的决策都更加统一，反过来会增加了员工的信心和动力。

英国商业伦理研究所的研究表明，企业的社会责任感与利润密切相关——我们普遍接受的弗里德曼的股东至上思想并不正确。

## 激发内在动力

研究表明，人类最大的动力是内在驱动的。[12] 尽管我们未必有做正确事情的内在愿望，但值得欣喜的是，研究表明，作为人类，我们天生就有合作的意愿。观察"囚徒困境"模型中"囚徒"的核磁共振扫描图，研究人员发现，当"囚徒"选择合作时，大脑的奖励中枢（reward center）——大脑腹侧纹状体的活动非常活跃。[13] 更重要的是，他们发现大脑的奖励中枢对两个"囚徒"的集体利益更敏感，而非个人收益。[14] 在原始社会，我们的祖先通过通力合作生存下来，因此，我们的神经机制进化成从集体利益中得到满足，而不是个人利益最大化。

合作意愿体现在我们的合作动机。我们渴望从所做的事情中找到意义和目的，并相信我们正在通过所做的事情会增加集体利益，即使事实并非如此。我与许多脸书的员工交谈过，他们并不觉得自己的工作有损于社会。事实上，一位员工曾坦诚地对我说："如果我知道公司的所作所为让世界变得更糟，我就会立即辞职。"两年后，这名员工仍在脸书工作。

这种悖论是可以理解的，因为当我们工作的系统非常复杂时，每个人都在庞大系统的一个非常小的局部上工作，并且很可能因为局限而看不到自己的工作对人类同伴所造成的伤害，以及它们之间的因果关系。此外，当整体系统出现道德问题或造成伤害，而不是个人，那么承担个人责任变得更加困难。

在寻找意义和目的的过程中，我们学会了将工作当作赚钱的必要手段，同时利用慈善事业来满足我们关注集体利益的愿望。慈善让我们感到自己是有道德和对社会负责任的，为世界变得更好做出了贡献。

19世纪晚期，许多著名的实业家就采取了这种方式。在通过被质疑的商业行为积累财富后，再将部分资产用于慈善事

# 第 9 章
希波克拉底产品誓言

业,他们被称为强盗资本家(robber barons)①。安德鲁·卡耐基(Andrew Carnegie)是 19 世纪时期的钢铁大亨,也是一位果断坚韧的实业家,捐资修建了著名的卡内基音乐厅、纽约市传奇音乐厅、卡耐基科学研究所、卡耐基梅隆大学和卡耐基基金会。

1892 年,卡耐基钢铁公司(Carnegie Steel)的总部工厂发生了历史上最严重的劳工冲突之一。当时钢铁工业发展势头良好,工会要求增加工资,但卡耐基钢铁公司的总经理亨利·弗里克(Henry Frick)反对增加工资。谈判破裂后,弗里克阻止罢工工人进入工厂,雇了 300 名私人警卫来压制罢工者。罢工工人和私人警卫之间的冲突导致 10 人死亡,多人受伤。工厂最终恢复了非工会工人的工作,大约 2500 名工人失去了工作。那些免于被裁员的员工不得不接受降低工资和使人极度疲劳的 12 小时轮班制。[15]

通过侵蚀工人权利,卡耐基钢铁公司加剧了经济收入不平等。安德鲁·卡耐基在 65 岁退休后将大部分财富捐赠出去,但慈善资金却只用于艺术和精英机构。慈善资金并没有用于改善收入不平等或工人权利,由企业造成的问题依然没有解决。

数据显示,这不仅是卡耐基慈善捐赠的问题,而是一个普遍存在的现象。统计数据显示,美国是世界上慈善捐赠最多

---

① 所谓强盗资本家,是指美国 19 世纪后期依靠不道德的手段,例如对证券市场进行操纵、剥削劳工等手段而大发横财的工业或金融界巨头。——译者注

的国家之一，但收入不平等现象仍在加剧——大额捐赠中只有约五分之一的资金流向了穷人。

2013年的一项研究揭示了这一悖论背后的原因，该研究发现，美国富人的捐赠偏好与普通大众存在显著差异。富人更倾向于削减社会福利，特别是社会保障和医疗保健。他们对就业和收入项目的支持意愿要低得多，其中包括高于贫困水平的最低工资。[16]因此，他们的捐款往往流向他们认为重要，但可能不符合整个社会需求的事业。如果我们想创造一个更美好的世界，强盗资本家的战略是行不通的。我们不能先做好生意，再做好慈善。

## 希波克拉底产品誓言

为了有效地把内在动力引导至集体利益最大化，我们必须立下希波克拉底产品誓言，将社会责任融入商业实践。从股东至上向利益相关者资本主义（stakeholder capitalism）[①]转变的思想逐步得到广泛的共识。达沃斯世界经济论坛发表的《2020年达沃斯宣言》(*Davos Manifesto 2020*)，解释了企业不仅是生产财富的经济单位体。"企业作为社会系统的一部分，还需要实现人类和社会的愿望。衡量业绩的标准除了对股东的回

---

① 1971年1月，达沃斯论坛召开首次会议，创办人克劳斯·施瓦布（Klaus Schwab）提出了利益相关者的概念，主张企业不只服务股东，也要服务客户、员工、社区和整个社会。——译者注

## 第9章
### 希波克拉底产品誓言

报,还必须有环境、社会和公司治理目标。"[17] 为了实践希波克拉底产品誓言,我们必须将思维模式从股东至上转向利益相关者资本主义。

更具体地说,构建产品的每一步骤中,你都可以通过以下5点来实践希波克拉底产品誓言:

1. 愿景:以用户为中心构建产品愿景。激进愿景声明模板可以帮助你规划愿景,即愿景不是自己或公司的远大抱负,而是围绕着你期待为客户解决的问题。

愿景声明通常被描述成令人激动财务目标——例如,"改变人与人的沟通方式,成为一家市值10亿美元的公司"——但你会注意到,激进的愿景声明却不会。为什么?想象一下,如果医生的愿景声明中包含了对收入的期待(如"治愈疾病,每年业务收入超过100万美元"),或者其行医只是为了赚钱,那么你还能期待得到高水平的治疗吗?

1998年,世界通信公司(WorldCom)宣称最终目标是:"为全世界的客户提供最赚钱的电子通信服务。"[18] 在疯狂收购和随后的假账丑闻之后,世界通信公司在2002年提出了破产申请,成为美国有史以来最大规模的企业破产案。[19]

企业的日常业务需求,比如实现收入目标,不断地在召唤你走向"黑暗"的一面。愿景必将给"原力"带来平衡——愿景必将抵消来自赢利目标的拉力。如果公司愿景是成为市值10亿美元的公司,或是愿景是关于营业额的,很容易让你忽略创立产品的初衷。

2. 策略:制定RDCL策略,使商业模型符合用户的需求。

以保险业为例——当客户提出保险索赔时，保险公司的利润就会减少。如果你曾经向保险公司索赔，你一定亲历过保险公司想方设法拒绝索赔。总部位于美国纽约的柠檬水保险公司（Lemonade Insurance）成立于2016年。与传统保险公司不同，它开创了一种全新的商业模式，将自身的激励措施与用户相协同——公司从保险费收入中提取25%，用于管理成本和预期利润；另外75%用于为客户的索赔提供资金，购买再保险（以减少部分风险）和支付一定的税费；剩下的钱将捐给客户选择的慈善机构。通过重新设想产品和商业模式，该公司将激励措施与用户需求相结合。

3. 优先级：确保企业价值观和道德标准对企业优先级和决策产生影响。2001年，当安然公司（Enron）的财务造假事件公之于众，成为当时舆论的风口浪尖时，公司内部有一份约束员工职业道德行为的正式守则，该文件共64页。[20]

当时的首席财务官安德鲁·法斯托（Andrew Fastow）正在策划复杂的交易，以掩盖公司的巨额亏损和不佳的资产状况，董事会意识到这种做法违反了道德准则。然而，他们并未采取任何行动，而是在法斯托处理这些交易时，对公司的道德准则视而不见。公司的价值观常常只是用于对外宣传，实际执行则完全被忽视。

只有当公司价值观真正影响公司优先级和决策时，才会体现出其价值。你可以使用第5章的愿景—生存象限图来辨别是否偏离了目标，并将进行修正。

4. 执行和评估：重新评估企业衡量成功的方式。Lijjat的

## 第9章
### 希波克拉底产品誓言

例子中，该组织并不以营业收入或是否主导了印度薄饼市场来衡量成功。它衡量成功的指标是：在Lijjat，实现经济独立的女性数量。我们经常把产品的使用与成功混为一谈。相反，产品成功应该是企业是否实现了最初设定的目标。

当脸书的设计师们提出增加"点赞"按钮的想法时，这个想法被否决了，之后的两年时间里，该想法被反复提出，并继续被否决，没有通过马克·扎克伯格（Mark Zuckerberg）的审核。扎克伯格担心的是，轻松地点击"点赞"将取代"分享"和"评论"等更有价值的互动。从数据来看，当"点赞"按钮在2009年一经推出时，即获得巨大的成功。

从那以后，"点赞"按钮的共同创造者利亚·珀尔曼（Leah Pearl-man）和贾斯汀·罗森斯坦（Justin Rosenstein）（现已从脸书离职）在媒体采访中表示，他们后悔通过标志性的"竖起大拇指"按钮，为用户带来了一系列令人苦恼的上瘾行为。[21]

你不能总是准确预测产品会带来意想不到的后果。这就是为什么衡量产品成功或失败的重要标准是它是否实现了你的愿景。你需要转变心态，不再将产品视为优化财务指标的工具；当你的产品是一个可改进的工具，帮助你实现愿景，如果实际的结果不符合你的愿景，你可以纠正它。

5. 文化：企业文化不应局限于利润，还应包括其他目标。

麦克·罗克韦尔（Mike Rockwell）曾经担任杜比公司（Dolby）产品和技术执行副总裁，他分享经验时曾表示："不可能只是嘴上空谈。你必须做出抉择，优先考虑利润，还是人类的进步。在杜比公司，我们制作3D眼镜时，经过商议，我们把客户的舒适度放在首位。"在3D技术中，需要减少眼镜左眼和右眼之间的串扰。"我们的方案只需要比竞争对手好。但我们所做的远超出于此，我们更关心客户的舒适度。"通过产品决策，罗克韦尔和领导团队交流并统一公司的宗旨、社会规范和用户利益的指导方针。

开发产品时，我们的目的是服务客户。许多对社会的损害是我们始料不及的。当我们将社会责任植入企业文化中，企业中的任何人都可以意识到，并指出不符合社会规范和准则的行为和结果。当然，企业也需要一种畅所欲言的文化氛围。

当我们构建产品时，肩负起社会责任，我们会将注意力集中在用户以及创造变革上。这并不意味着我们必须大公无私——如果没有赢利，企业就无法生存足够长的时间来实现我们的愿景。

激进式产品思维为你提供了一种可重复的方法，以构建成功的产品，同时避免产品疾病。运用激进式产品思维的5大要素，你就拥有了一种超能力，可以构建由愿景驱动的产品，深刻影响人们的生活。但是伴随这种超能力而来的是社会责任，这一章列举了实用的步骤，现在你就可以立下希波克拉底产品誓言了。你可以选择肩负社会责任的同时追求利润，生产心中理想的产品，让世界变得更加美好。

# 第 9 章
## 希波克拉底产品誓言

### 本章关键点

- 在创建产品时,你的作用就如同一位医生。你在为用户解决问题的同时,需要为用户的利益负责。

- 囚徒困境说明了,我们在创建产品时,在追求个人利益最大化还是集体利益最大化之间如何做出理性抉择。

- 如果每个人都追求个人利益最大化,那么整个社会将朝向次优结果发展,数字化污染有增无减。

- 为了避免这种结果,我们需要采用整体 3 "I" 法则:
  1. 威慑或者严重后果:严厉的法律法规打击负面行为。
  2. 经济激励:经济利益激励企业肩负社会责任。
  3. 激发内在动力:意识到我们的社会责任,激发我们天性中追求集体利益最大化的内在动力。

实践希波克拉底产品誓言意味着,把职业道德规范贯彻到激进式产品思维的 5 大元素中(愿景、战略、优先级、执行和评估、文化)。

# 第 10 章 结论：具有激进式产品思维的人正在改变世界

创建由愿景驱动的产品，期待为世界带来改变。你可以从具有激进式产品思维的人身上汲取经验。本章将列举激进式产品思维应用于不同行业的实例。你一定能从其中一些案例得到启发，运用它们创造变革吧。

我们首先从一位具有激进式产品思维的人开始，他打破了业内公认的利润是金融业唯一目的的想法。其次本章将让我们了解如何在组织的不同层级和整个组织中应用激进式产品思维。最后我们将延伸对产品思维的思考，甚至延伸到个人生活。任何东西都可以成为你的产品，带来你想象中的变化。

## 金融作为一种激进的产品

"金融不应该对社会造成损害，它必须是一种向善的力量。"这是孟文能在 2019 年的亚洲银行与金融研讨会上的发言。这是我第一次听他谈金融。孟文能是新加坡金融管理局局长，该机构是监管新加坡银行、保险、证券和金融部门的中央银行，负责发行货币和制定货币政策。

相较于其他行业，赢利能力和社会责任相互排斥的观点

# 第10章
## 结论：具有激进式产品思维的人正在改变世界

在金融领域更为盛行。2008年金融危机之后，美国和欧洲的银行不得不动用纳税人的钱来挽救崩溃的金融系统，金融不会对社会造成损害的想法似乎也成了奢望。不计后果地追求利润导致了自大萧条以来最严重的经济衰退，导致大约700万美国人失去了自己的房产。虽然新加坡银行在这方面的表现总体要好得多，但也存在一些不当行为。金融业真的能积聚一种向善的力量吗？

在新加坡生活了两年半，我观察到政府机构在不断地、系统地进行改革。激进式产品思维是首先设想变革，并将其系统化地从愿景转化为具体执行，这一理念根植于新加坡建立之初，激励它从20世纪50年代一个贫穷困顿的岛国一跃成功成为经济强国。我之所以乐观地认为金融是一股向善的力量，是因为我看到了激进式产品思维贯穿新加坡的历史，听到了孟文能为实现他想要的改变而采取的目标驱动和有条不紊的方法。

孟文能分享了他对金融的看法，他从行业问题开始谈起："为什么金融危机会接二连三地发生？原因之一是金融业和其他行业不同。当企业提供产品或服务时，为了赢利，你需要不遗余力地思考产品或服务升级，更好地为社会提供裨益。例如，作为一个美发师，你关心顾客发型是否好看——你主动为顾客付出更多。但是，金融领域的大多数活动，比如金融交易和衍生品，纯粹是为了赢利。你与客户的关系缺乏人情味。"你离客户越远，就越不会考虑社会责任感。

为了使金融业成为一种向善的力量，孟文能设想，金融部门的活动必须以人为中心。他举了一个保险的例子，说明新加坡金融管理局是如何帮助保险行业实现以人为本的。

购买保险就像汽车里配备了减震装置。当汽车经过颠簸不平的路段时，它能使行驶过程变得平稳。保险因其对社会是有益的，被大众普遍接受。

但是，如果保险业使用数据和机器学习（machine learning）来追逐利润，而不考虑以人为本，打破原有的商业模式，就会给社会带来意想不到的后果。例如，医疗保险原有的商业模式是购买保险的人生病时可以提出索赔。但是，如果机器学习能准确预测谁将索赔呢？保险公司再通过对这些人拒保来实现利润最大化，在这个过程中，会产生一批被保险公司拒保的人。

孟文能解释说："我们非常担心，保险公司拥有大量数据会导致越来越多的人无法投保，或者保险费会增加。但如何才能保证，在计算保费时，保险公司不使用这些信息？"算法可能会做出数据驱动的决策，但算法也可能将部分高风险人群排除在保险之外，导致对社会不利的结果。

为了监管数字污染在金融领域的肆意发展，或避免机器学习和算法给社会带来的意外后果，孟文能有预见性地制定了整体战略，整体战略要优于法规监管的单一手段。

为了让企业用3I法则（威慑或者严重后果、经济激励和激发内在动力）来承担社会责任，新加坡金融管理局希望金融企业意识到商业模式带来的社会影响。因此，当人工智能研发人员联系新加坡金融管理局，表达机器学习对社会负面影响的担忧时，新加坡金融管理局借此机会开展了一场业内讨论。

2018年，金融行业的高管、人工智能研究人员和新加坡

# 第10章
## 结论：具有激进式产品思维的人正在改变世界

金融管理局的领导共同商议，并公开发布商议结果：公平、道德、负责和透明度原则。[1]该原则引起了全世界的关注，这是首次由行业和监管机构共同制定负责任地使用人工智能和数据分析的原则。

"围绕这些不断发展的领域，执法和监督还为时过早，监管永远滞后于创新，"孟文能解释说，"与此同时，公开宣布的原则是社会规范的有力参考，同时也提供了无法被社会容忍的不良行为。"孟文能的策略是一种系统性的变革。为了监管创新给社会带来的负面后果，他首先明确了被普遍接受的社会规范，以及不负责任的技术使用可能对社会造成的危害。

金融部门的思想转向以人为本的过程中，孟文能认为，新加坡金融管理局在与被监管的公司交流互动时，也必须以同理心为驱动。新加坡金融管理局数字转型计划秉承的核心原则是"以同理心为驱动力，以人为本"。

在将这种以人为中心的方法转化为具体行动时，新加坡金融管理局的产品团队使用激进式产品思维来确定以用户为中心的愿景，以及准备为用户创建的变革。在执行和评估方面，团队以是否为用户创造了期待的变革来衡量数字产品的成功。

大家有意识地在企业文化中植入同理心和以人为本的价值观。例如，内部行为准则规定，金融管理局的官员不应在周末前要求金融企业提交数据，因为这意味着，银行员工不得不在周末加班，才能提交数据。

孟文能非常清楚，对金融机构的关心并不意味着放松监管："即使我们的回答是'不行'，我们也会让对方更容易地找到正确做法。我们会考虑对方的感受。"

　　需要明确的是，金融部门的业绩增长和货币关键绩效指标对新加坡金融管理局来说非常重要。业绩下滑促使金融部门不得不专注于生存，增加了使其向善发展的难度。新加坡金融管理局努力让金融企业追求业绩增长和利润的同时，坚持了以人为本。

　　孟文能明确了坚持利益相关者资本主义的立场，企业需要负责任地获得利润，而不是股东资本主义。股东资本主义者认为，企业的唯一责任就是赢利。孟文能表示："每家企业都需要更大的目标，即如何让世界变得更美好。打造最佳产品和股东价值最大化应该服从于这个更大的目标。"

　　孟文能还将目标的概念扩展到个人："生活与商业一样，你的目标是最终方向。我们必须问问自己为什么这么做。"我们每个人都可以用自己的方法，通过我们的业务、行动和专业知识，让世界变得更美好，同时又能够赢利。这是激进式产品思维的核心。

　　对孟文能来说，他所设想的改变是让金融成为对社会有益的一股力量。他的工作是不断改进以实现这种改变的。

## 我们每个人都可以打造激进的产品

　　无论工作中的角色和职位如何，我们每个人都能通过工作实现改变。具备激进式产品思维的人，不必一定是领导者。在组织的各个级别，甚至是跨组织都可以应用激进式产品思

# 第10章
## 结论：具有激进式产品思维的人正在改变世界

维，将愿景转化为具体执行。美国宇航员登月的例子说明了这个道理。

美国东部时间1969年7月20日（北京时间1969年7月21日），就在"鹰号"登月舱着陆月球表面的前几分钟，仪表盘发出警报，显示遇到紧急情况——即将着陆的位置错误。宇航员巴兹·奥尔德林（Buzz Aldrin）意识到错误，并迅速修正，但当时机载计算机上已经充满了雷达发出的数据——警报显示飞行中的计算机速度不够。太空航行地面指挥中心（Mission Control）和宇航员必须立刻决定是否继续着陆月球。

众所周知，美国总统约翰·F. 肯尼迪（John F. Kennedy）首先提出登月计划，他有将人类送上月球的远见。但是，阿波罗11号任务取得圆满成功，而不是功亏一篑，还要得益于一位女工程师——玛格丽特·汉密尔顿（Margaret Hamilton）。她是麻省理工学院阿波罗计划机载飞行软件开发团队的负责人。汉密尔顿对设计的软件有清晰愿景：即使是在宇航员的生命受到威胁的紧急情况下，飞行器也应该能恢复运行。

在离月球着陆还有3分钟的时候，飞行中的软件系统已经恢复，并继续执行任务。汉密尔顿设计的机载飞行软件系统，在飞行器不堪重负情况下，机载计算机会跳过低级别的任务，只关注对着陆最重要的事项。之后，地面指挥中心给宇航员亮出了绿灯，通知宇航员按照原计划着陆月球，我们都知道接下来发生的事情：阿波罗11号成功登陆月球，尼尔·阿姆斯特朗（Neil Armstrong）在月球上行走，实现了"人类的一大步"。

即使在今天，登月计划的机载飞行软件也是非常值得称赞。况且在当时，没有学校开设软件工程类课程，整个团队是在实践中探索的先锋。汉密尔顿是如何在20世纪60年代设计出如此完备的软件呢，当时软件工程甚至还不被当作一门学科？汉密尔顿的回答反映了由愿景驱动的思想：她对要创建的产品（机载飞行软件）最终状态有一个清晰的蓝图。"我们的软件必须是以生命安全为首要目标的，设计必须万无一失。不仅软件本身必须非常可靠，而且软件还必须能够检测到错误并能及时修复。"她说。汉密尔顿将美国国家航空航天局的设想（载人登月计划）转化为工作愿景（编写足够可靠的软件，在载人登月过程中，即使出现错误，软件系统可以自动修复）。

汉密尔顿从这个愿景出发，开创了全新的软件工程领域。"对宇航员的生命负责，这种强烈的责任感让我们创建了一个全新'领域'，因为当时没有学校学习软件工程。我们一直在为故障安全措施而战。我们需要创造方法、标准、规则和工具来开发飞行软件。找不到答案时，我们不得不边实践边思考。"她解释道。

管理层往往无法看到或理解细节，从而在微观层面上无法做出正确决策——需要每个人将组织的愿景转化为自己的工作愿景。汉密尔顿将其描述为"愿景没有边界"。每个人都必须有一个愿景，即他们的工作如何帮助将人类送上月球。

当我们采用由愿景驱动的方法来构建产品时，我们会全面地考虑工作的影响。例如，如果你是具备愿景驱动型思维的软件开发人员，不仅在编写代码中找到满足感，还在系统实现共同目标中获得满足感。汉密尔顿不认为自己的职责仅限于编

# 第10章
## 结论：具有激进式产品思维的人正在改变世界

程；相反，她的可靠性解决方案涉及系统设计的各个方面——从硬件到任务结构，再到宇航员的行动。这对于当时的美国国家航空航天局是一种全新的挑战，对可靠性的关注被认为是多此一举。

汉密尔顿经常在周末带着女儿劳伦（Lauren）来实验室工作。在玩"我是宇航员"角色扮演游戏时，劳拉不小心按下了一些按键，导致模拟系统崩溃。结果发现，劳伦在无意中先按了发射代码（P01），然后又按了发射前计划（P00）。汉密尔顿意识到，如果这样做可以使飞行系统崩溃，宇航员也可能在执行任务时犯同样的错误，因此她希望添加错误检查来防止出现这种情况。但美国国家航空航天局驳回了她的请求，认为没有必要，坚持称宇航员受过无懈可击的训练，不会犯类似的错误。

这种观点很快就改变了。1968年的圣诞节，阿波罗8号的任务执行到一半就遇到了麻烦。飞行软件崩溃了，飞船的内存清除了返回地球所需的导航数据，没有这些数据，宇航员会在太空中迷路，找不到回地球的路。宇航员吉姆·洛维尔（Jim Lovell）遇到了与劳拉同样的问题——他在飞行途中不小心先按了P01，后来又按了P00。汉密尔顿和程序员们迅速想出补救办法——通过重新加载休斯敦的导航数据恢复了系统。[2] 对于美国国家航空航天局来说，这一事件证明了汉密尔顿的愿景驱动方法的重要性，这种方法跨越了软件的边界，于是，他们给了汉密尔顿全权授权，让她在所有阿波罗软件中制定错误检测和修复代码标准。

当我和汉密尔顿谈到在创建产品时需要愿景驱动方法时，她表示同意，并将她的方法与波音生产 737 MAX 时采用的方法进行了对比。汉密尔顿的清晰愿景让她避免了系统任何部分的错误，但 737 MAX 的设计基于修复错误：为了克服硬件设计造成的空气动力不稳定，飞机依赖于机动特性增强系统，而机动特性增强系统又依赖于飞行员来修正这些错误，试图在软件出现关键故障时操纵飞机。汉密尔顿总结道："尽管 737 MAX 已经通过美国联邦航空局（FAA）的重新认证，但我从未乘坐过它。"

汉密尔顿率先提出了防御性编码的概念，她的理念是，软件应该防止错误，并在出现错误时进行修复。[3] 2003 年，美国国家航空航天局授予她杰出太空奖（Space Act Award）以表彰她的工作。2016 年，她被授予总统自由勋章（Presidential Medal of Freedom）。我们需要具备激进式产品思维的人，在组织的各个层面以及跨组织，他们都能够将愿景转化为行动。

## 在个人生活中构建激进的产品

除了工作环境，你也可以在日常生活中运用激进式产品思维。你可以通过设立目标来实现改变，无论是在社区做志愿者，还是通过行动让世界发生改变。

下面是克劳德特·科尔文（Claudette Colvin）15 岁时发生的故事。1955 年 3 月 2 日，科尔文和她的朋友们坐在亚拉巴

# 第10章
结论:具有激进式产品思维的人正在改变世界

马州首府蒙哥马利市①的巴士上放学回家。按照种族隔离法的规定,她们必须坐在汽车的后排。但几站之后,公交车上坐满了人,一名白人女性不得不站着,司机让科尔文和她的朋友们给这名年轻女性让座。

科尔文的朋友们不情愿地站了起来,但科尔文拒绝了。科尔文解释说,她可以把座位让给老人,但这是一位年轻女性。司机威胁说要报警,但她仍然拒绝让座。当天,科尔文因违反亚拉巴马州的种族隔离法而被捕。

我问过科尔文,当时她还没成年,什么力量激起她反抗权威。"当我拒绝让座时,并不是有计划的反抗。我只是想让车上的人知道他们错了。他们需要知道种族隔离是不公平的,我受到了不公平的对待。"

科尔文当年只有15岁,她想生活在一个人人平等的世界中。2018年,在接受我的采访时,科尔文已经70多岁了。刚开始谈话时,科尔文显得有些疲惫。但是,开始谈论她梦想的世界时,她的声音洪亮了:"每个非裔美国人必须证明他们同样是人,不比别人差。我只想要获得更好的生活,更好的教育。我想要和白人一样拥有同样的梦想。我厌倦了大人们抱怨受到了多么恶劣的待遇,却什么都不做。"科尔文知道被逮捕的风险:监禁后,警察暴力虐待的风险,甚至释放后被三K党报复整个家庭的风险——但是她仍然坚持不让出座位,因为

---

① 蒙哥马利市是20世纪中期美国种族隔离最为严重的城市之一。——译者注

她脑海中有期待的生活愿景。她期待一个黑人和白人可以共享美国梦的世界。

科尔文被捕两周后，罗莎·帕克斯（Rosa Parks）给科尔文的父母打电话，邀请科尔文到她领导的青年组织演讲。科尔文成为美国有色人种协进会青年委员会（NAACP）的秘书，并定期与罗莎·帕克斯女士会面。科尔文被捕9个月后，帕克斯也以同样的方式违反种族隔离法而被捕。罗莎·帕克斯女士成为美国民权运动的标志，她的做法让美国黑人群体团结起来。

科尔文拒绝让座的自发抗议行为非常勇敢，她的后续行动更令人钦佩，她非常谨慎地追求改变。科尔文是布劳德诉盖尔案的原告和关键证人，该案件的激烈证词赢得了具有里程碑意义的裁决，即判决在公共汽车上进行种族隔离的亚拉巴马州的州法律等地方法律违宪。[4]该案件审理过程中，原告撤回诉讼的压力很大。事实上，该诉讼只列出了4名原告，第5名原告珍妮塔·瑞兹（Jeanetta Reese）被威胁退出了诉讼。接受现状看似是一条更容易的道路，但科尔文在与不公正进行斗争，她心中有着明确的目标。

尽管科尔文对民权运动做出了贡献，但她在很大程度上被历史遗忘了。互联网上的许多文章暗示，她之所以没有成为民权运动的偶像，是因为她被捕时怀孕了——但这在历史上是不准确的。显而易见，科尔文使用的是以目的为导向的方法，她客观地解释了为什么选择罗莎·帕克斯作为民权运动的偶像。"大家需要一个人人都能接受的形象，无论是黑人还是白

# 第10章
## 结论：具有激进式产品思维的人正在改变世界

人。帕克斯太太的肤色比较浅。肤色较浅的人会被认为具有欧洲血统。白人和黑人都对他们比较友善。而且，她来自中产阶级家庭。"科尔文住在贫民社区。科尔文在努力地追求改变，她制造了火花，但如果想把火花变成一团火焰，就需要像罗莎·帕克斯一样被大众接受的人来举起火炬传递下去。

科尔文说，她不后悔在不被认可的情况下表明自己的立场："我努力抗争，我已经通过孙辈看到了自己的成果。我失去了一个儿子，但我的另一个儿子做得很好，获得商业博士学位。我有5个孙子和5个曾孙。幸运的是，他们都没有经历我所经历的。"

无论你是在非营利组织、政府机构、研究机构、高科技初创公司还是行动主义机构工作，你都可以打造自己的产品。这些都可以成为你创造变革的不断改进机制。

在构建产品时，采用激进式产品思维的愿景驱动法，而不是一味地追求财务关键绩效指标。激进式产品思维为你提供了一种系统的方法构建成功的产品，同时避免常见的产品疾病，通过以下5个步骤：

1. 为你想要实现的改变创造一个引人注目的愿景。
2. 制定一个策略，也是一个可执行的计划。
3. 设定优先级，让愿景成为日常决策的重要组成部分。
4. 如果你正在朝着愿景迈进，评估对你来说重要的指标。
5. 将目标嵌入企业文化中。

激进式产品思维还帮助你肩负起成功产品所带来的社会责任。你可以把以人为本的原则融入产品创建的每个步骤中。

在过去的 50 年里，我们已经根深蒂固地认识到，商业（以及产品）的目的就是追求利润。我们已经接受了这样一种想法，即我们可以制造成功的产品，再参与慈善事业，让世界变得更美好。这种思想反映在我们构建产品的方式上——我们经常过度依赖迭代，优化财务指标。但在这个过程中，我们的产品感染了疾病，并经常给社会带来意想不到损害。目前，我们创建产品的方式就像骑在一匹疾驰的马上——即使你感到了快速移动的快感，但是马已经走错了方向。这种方式是不可持续的。

激进式产品思维帮助你抓住缰绳，通过你的日常活动和专业知识，系统地实现你期待的改变，或大或小。激进式产品思维可以帮助你更智慧地创新，构建由愿景驱动的产品。

# 参考文献

## 引言

1. David Rowell, "Did Boeing Secretly 'Bet the Company' Yet Again on an Airline Project?" *Travel Insider*, July 18, 2019.
2. *Seattle Times* business staff, "Timeline: A Brief History of the Boeing 737 MAX," *Seattle Times*, updated June 21, 2019.
3. Boeing Company, *2018 Annual Report*, March 2019.
4. Yoel Minkoff, "Spotlight on Boeing Buybacks amid Latest Crisis," *Seeking Alpha*, March 19, 2020.
5. Rachelle C. Sampson and Yuan Shi, "Are U.S. Firms Becoming More Short Term Oriented? Evidence of Shifting Firm Time Horizons from Implied Discount Rates, 1980–2013," *Strategic Management Journal* (March 26, 2020).
6. Clyde Prestowitz, *The Betrayal of American Prosperity: Free Market Delusions, America's Decline, and How We Must Compete in the Post-Dollar Era* (New York: Free Press, 2010).
7. Tim Smart, "Ge's Money Machine," *Bloomberg*, March 7, 1993.

## 第1章

1. "Sandy Munro's Tesla Deep Dive—Autoline After Hours 447,"

*Autoline After Hours*, Autoline Network, streamed live January 3, 2019.

2. Mark Kane, "Tesla Model 3 Outsold Premium Competitors by 100,000 Since 2018," *InsideEVs*, June 10, 2019.
3. Chris Paine, *Who Killed the Electric Car?* (United States: Plinyminor, 2006), film.
4. Ralph Gomory and Richard Sylla, "The American Corporation," *Daedalus* 142, no.2 (Spring 2013): 102–118.
5. Lewis Carroll, *Alice's Adventures in Wonderland* (1865; New York: Dover, 1993), 41.
6. *Oxford English Dictionary*, s.v., "radical," accessed April 3, 2021.
7. *Singapore Free Press*, July 21, 1854.
8. "Transcript of a Press Conference Given by the Prime Minister of Singapore, Mr. Lee Kuan Yew, at the Broadcasting House, Singapore, at 1200 Hours on Monday 9th August, 1965," National Archives of Singapore, August 9, 1965.
9. "Prime Minister's Press Conference Held on 26th August, 1965, at City Hall," National Archives of Singapore, August 26, 1965.
10. "Excerpts from an Interview with Lee Kuan Yew," *New York Times*, August 29, 2007.
11. Chua Mui Hoong and Rachel Chang, "Did Mr Lee Kuan Yew Create a Singapore in His Own Image?" *Straits Times*, March 24, 2015, and "Singapore Citizen's Passport Cancelled, Investigated for Possible Offences for Breaching Stay-Home Notice Requirements," Immigration & Checkpoints Authority, March 29, 2020.
12. "Excerpts from an Interview."
13. Derek Wong, "Singapore Public Transport System Tops Global List," *Straits Times*, August 23, 2018.
14. "Prime Minister's Press Conference Held on 26th August, 1965."
15. "MOM's Vision, Mission and Values," Ministry of Manpower, Government of Singapore, last updated February 21, 2020.

## 第 2 章

1. Sahil Lavingia, "Reflecting on My Failure to Build a Billion-Dollar Company," *Marker*, February 7, 2019.
2. Lizette Chapman, "Beepi Raising 'Monster Round' to Scale Used-Car Marketplace," *Wall Street Journal*, May 29, 2015.
3. Mary Ellen Biery, "The Big Impact of Small Businesses: 9 Amazing Facts," *Forbes*, October 22 2017.
4. Robert Longley, "How Small Business Drives U.S. Economy," ThoughtCo, updated January 2, 2020.
5. Jeffrey S. Passel and D'Vera Cohn, "Immigration Projected to Drive Growth in U.S. Working-Age Population through at least 2035," Pew Research Center, March 8, 2020.
6. US Census Bureau, "Older People Projected to Outnumber Children for the First Time in U.S. History," release no. CB18-41, last revised October 8, 2019.
7. Clayton M. Christensen, *The Innovator's Dilemma: When New Technologies Cause Great Firms to Fail* (Boston: Harvard Business Review Press, 2016).
8. Associated Press, "Mary Gates, 64, Helped Her Son Start Microsoft," *New York Times*, June 11, 1994, and Alex Planes, "How IBM Created the Future of the PC—and Almost Destroyed Its Own," Motley Fool, August 12, 2013.
9. James Wallace and Jim Erickson, *Hard Drive: Bill Gates and the Making of the Microsoft Empire* (Chichester, UK: Wiley, 1993).
10. Chethan Sathya, "Why Would Hospitals Forbid Physicians and Nurses from Wearing Masks?" *Scientific American*, March 26, 2020.

## 第 3 章

1. Shannon Schuyler and Abigail Brennan, *Putting Purpose to Work: A Study of Purpose in the Workplace*, PwC, June 2016, and Aaron Hurst et al., *Purpose at Work: 2016 Workforce Purpose Index*, LinkedIn and Imperative, 2016.
2. Josh Linkner, *The Road to Reinvention: How to Drive Disruption and Accelerate Transformation* (San Francisco, Jossey-Bass, 2014).
3. Jeffrey H. Dyer, Hall Gregersen, and Clayton M. Christensen, "The Innovator's DNA," *Harvard Business Review*, December 2009.

## 第 4 章

1. Abhijit V. Banerjee and Esther Duflo, *Poor Economics: Barefoot HedgeFund Managers, DIY Doctors and the Surprising Truth about Life on Less Than $1 a Day* (London: Penguin, 2012).
2. Muhammad Yunus, "Sacrificing Microcredit for Megaprofits," *New York Times*, January 14, 2011.
3. Lydia Polgreen and Vikas Bajaj, "India Microcredit Faces Collapse from Defaults," *New York Times*, November 17, 2010.
4. Ev Williams, "Our Approach to Member-Only Content," *3 Min Read* (blog), Medium, March 22, 2017.
5. Laura Hazard Owen, (March 25, 2019). "The Long, Complicated, and Extremely Frustrating History of Medium, 2012–Present," Nieman Lab, March 25, 2019.
6. Klaus Klemp and Keiko Ueki-Polet, eds., *Less and More: The Design Ethos of Dieter Rams* (Berlin: Die Gestalten Verlag, 2011); and Sophie Lovell, *The Work of Dieter Rams: As Little Design as Possible* (London: Phaidon, 2011).

7. Kate Moran, "The Aesthetic-Usability Effect," Nielsen Norman Group, January 29, 2017.
8. Kate Moran, "The Impact of Tone of Voice on Users' Brand Perception," Nielsen Norman Group, August 7, 2016.
9. For further reading on the subject of eliciting emotional reactions through design, check out Don Norman's *Emotional Design* and Aarron Walter's *Designing for Emotion*.
10. Netflix Inc., Mailing and response envelope, US Patent US6966484B2, filed September 16, 2002, and issued November 22, 2005.
11. Sam Levin, "Squeezed Out: Widely Mocked Startup Juicero Is Shutting Down," *Guardian*, September 1, 2017.

## 第5章

1. Nathaniel Koloc, "Let Employees Choose When, Where, and How to Work," *Harvard Business Review*, November 10, 2014, http://hbr.org/2014/11/let-employees-choose-when-where-and-how-to-work; and LRN, *The How Report: A Global Empirical Analysis of How Governance, Culture, and Leadership Impact Performance*, 2014.

## 第6章

1. Remember that your measurements may also be qualitative and you may have to continue to interview users or observe them to understand where you can make continuous improvements.
2. Lisa D. Ordóñez et al., "Goals Gone Wild: The Systematic Side Effects of Overprescribing Goal Setting," *Academy of Management*

      *Perspectives* 23, no. 1 (2009): 6–16.
3. Christopher Earley, Terry Connolly, and Göran Ekegren, "Goals, Strategy Development, and Task Performance: Some Limits on the Efficacy of Goal Setting," *Journal of Applied Psychology* 74 (1989): 24–33.
4. Barry M. Staw and Richard D. Boettger, "Task Revision: A Neglected Form of Work Performance," *Academy of Management Journal* 33, no. 3 (1990): 534–559.
5. Ordóñez et al., "Goals Gone Wild," 6–16.
6. Maurice E. Schweitzer, Lisa Ordóñez, and Bambi Douma, "Goal Setting as a Motivator of Unethical Behavior," *Academy of Management Journal* 47, no. 3 (2004): 422–432.
7. Roger Lowenstein, "How Lucent Lost It," *MIT Technology Review*, February 1, 2005.
8. Jack Kelly, "Wells Fargo Forced to Pay $3 Billion for the Bank's Fake Account Scandal," *Forbes*, February 24, 2020.
9. Edwin A. Locke and Gary P. Latham, *A Theory of Goal Setting and Task Performance* (Englewood Cliffs, NJ: Prentice Hall, 1990).
10. Evan I. Schwartz, "Laszlo Bock: Divorce Compensation from OKRs: Using OKRs to Power Growth, Engagement, and Diversity," *What Matters*, December 28, 2018.
11. Johanna Bolin Tingvall, "Why Individual OKRs Don't Work for Us," *Spotify HR Blog*, August 15, 2016.

## 第 7 章

1. Ben Wigert, "Employee Burnout: The Biggest Myth," Gallup, March 13, 2020.
2. Daniel Pink, *Drive: The Surprising Truth about What Motivates Us* (Edinburgh: Canongate, 2018).

3. Anna Wiener, *Uncanny Valley* (London: HarperCollins UK, 2021).
4. Gallup Inc., "How to Prevent Employee Burnout," Gallup.com, September 11, 2020.
5. Margaret Heffernan, "Forget the Pecking Order at Work," TED, May 2015, and David Sloan Wilson, "When the Strong Outbreed the Weak: An Interview with William Muir," *This View of Life*, July 22, 2016.
6. Anita Williams Woolley et al., "Evidence for a Collective Intelligence Factor in the Performance of Human Groups," *Science* 330, no. 686 (2010): 686–688.
7. Maria Nokkonen, "Make Mental Strength Your Strongest Skill—the All Blacks Way," GamePlan A, March 1, 2017.
8. Vivian Hunt, Dennis Layton, and Sara Prince, "Why Diversity Matters," McKinsey & Company, January 1, 2015.
9. Monica Anderson, "Black STEM Employees Perceive a Range of Race-Related Slights and Inequities at Work," Pew Research Center, January 10, 2018.
10. Christian E. Weller, "African Americans Face Systematic Obstacles to Getting Good Jobs," Center for American Progress, December 5, 2019.
11. Anderson, "Black STEM Employees."
12. Amy Edmondson, "Psychological Safety and Learning Behavior in Work Teams," *Administrative Science Quarterly* 44, no. 2 (June 1999): 350–383.
13. Amy C. Edmondson, "Managing the Risk of Learning: Psychological Safety in Work Teams," in *International Handbook of Organizational Teamwork and Cooperative Working*, eds. Michael West, Dean Tjasvold, and Ken Smith (Chichester, UK: Wiley, 2003), 255–275.
14. Kim Scott, *Radical Candor: Be a Kick-Ass Boss without Losing Your Humanity* (New York: St. Martin's, 2019).

## 第8章

1. Tim Bray, "Bye, Amazon," *Ongoing by Tim Bray* (blog), April 29, 2020.
2. See.
3. David Autor and Anna Salomons, "Is Automation Labor ShareDisplacing? Productivity Growth, Employment, and the Labor Share," *Brookings Papers on Economic Activity* 2018, no. 1 (Spring 2018): 1–87.
4. Nick Yee, "7 Things We Learned about Primary Gaming Motivations from Over 250,000 Gamers," Quantic Foundry, December 15, 2016.
5. Prodigy Game, "What Is Prodigy Math Game?" Vimeo, posted December 17, 2015.
6. Prodigy Education, "Prodigy Memberships," YouTube video, posted August 20, 2018.
7. Arielle Pardes, "This Dating App Exposes the Monstrous Bias of Algorithms," *Wired*, May 25, 2019.
8. Will Knight, "The Apple Card Didn't 'See' Gender—and That's the Problem," *Wired*, November 19, 2019.
9. Julia Carpenter, "Google's Algorithm Shows Prestigious Job Ads to Men, but Not to Women. Here's Why That Should Worry You," *Washington Post*, July 6, 2015.
10. Rebecca Heilweil, "Artificial Intelligence Will Help Determine If You Get Your Next Job," *Vox*, December 12, 2019.
11. Karen Hao, "AI Is Sending People to Jail—and Getting It Wrong," *MIT Technology Review*, January 21, 2019.
12. Cade Metz and Daisuke Wakabayashi, "Google Researcher Says She Was Fired over Paper Highlighting Bias in A.I.," *New York Times*, December 3, 2020.
13. Kevin Kelleher, "Gilded Age 2.0: U.S. Income Inequality Increases to Pre–Great Depression Levels," *Fortune*, February 13, 2019.

14. Alexia Fernández Campbell, "The Recession Hasn't Ended for Gig Economy Workers," *Vox*, May 28, 2019, and Charlotte Jee, "Coronavirus Is Revealing the Gig Economy's Sharp Inequalities," *MIT Technology Review*, March 12, 2020.
15. Eduardo Porter, "Tech Is Splitting the U.S. Work Force in Two," *New York Times*, February 4, 2019.
16. David Autor and Anna Salomons, "Is Automation Labor-Displacing? Productivity Growth, Employment, and the Labor Share," *Brookings Papers on Economic Activity: BPEA Conference Drafts, March 8–9, 2018*, February 27, 2018.
17. S&P Dow Jones Indices, "S&P 500 Buybacks Up 3.2% in Q4 2019; Full Year 2019 Down 9.6% from Record 2018, as Companies Brace for a More Volatile 2020," *PR Newswire*, March 24, 2020.
18. Jonathan Krieckhaus et al., "Economic Inequality and Democratic Support," *Journal of Politics* 76, no. 1 (2013): 139–151.
19. Jennifer McCoy, Tahmina Rahman, and Murat Somer, "Polarization and the Global Crisis of Democracy: Common Patterns, Dynamics, and Pernicious Consequences for Democratic Polities," *American Behavioral Scientist* 62, no. 1 (2018): 16–42.
20. Michael H. Goldhaber, "Attention Shoppers!" *Wired*, December 1, 1997.
21. Zahra Vahedi and Alyssa Saiphoo, "The Association between Smartphone Use, Stress, and Anxiety: A Meta-Analytic Review," *Stress and Health* 34, no. 3 (2018): 347–358.
22. Edward Bullmore, *The Inflamed Mind: A Radical New Approach to Depression* (New York: Picador, 2019).
23. Nicholas Carr, *The Shallows: What the Internet Is Doing to Our Brains* (New York: W. W Norton, 2020).
24. Steve Lohr, "It's True: False News Spreads Faster and Wider. And Humans Are to Blame," *New York Times*, March 8, 2018, and Ana P. Gantman, William J. Brady, and Jay Van Bavel, "Why Moral Emotions Go Viral Online," *Scientific American*, August 20 2019.

25. Eric Meyerson, "YouTube Now: Why We Focus on Watch Time," *YouTube Official Blog*, August 10, 2012.
26. Conor Friedersdorf, "YouTube Extremism and the Long Tail," *Atlantic*, March 12, 2018.
27. Caroline O'Donovan et al., "We Followed YouTube's Recommendation Algorithm down the Rabbit Hole," *BuzzFeed News*, January 24, 2019, and Manoel H. Ribeiro et al., "Auditing Radicalization Pathways on YouTube," *Proceedings of the 2020 Conference on Fairness, Accountability, and Transparency* (2020): 131–141.
28. Guillaume Chaslot, "How Algorithms Can Learn to Discredit 'the Media,'" *Medium*, February 1, 2018.
29. Chaslot.
30. Andy Greenberg, "WhatsApp Comes under New Scrutiny for Privacy Policy, Encryption Gaffs," *Forbes*, February 21, 2014.
31. "Google Organic CTR History." Advanced Web Ranking, updated February 2021.
32. Katy Waldman, "Facebook's Unethical Experiment," *Slate*, June 28, 2014.
33. Robert M. Bond et al., "A 61-Million-Person Experiment in Social Influence and Political Mobilization," *Nature* 489, no. 7415 (2012): 295–298, and Carole Cadwalladr, "'I Made Steve Bannon's Psychological Warfare Tool': Meet the Data War Whistleblower," *Guardian*, March 18, 2018.
34. Jeffrey H. Dryer, Hal Gregersen, and Clayton M. Christensen, "The Innovator's DNA," *Harvard Business Review*, December 2009.
35. Levi Boxell, Matthew Gentzkow, and Jesse M. Shapiro, "Cross-Country Trends in Affective Polarization," *National Bureau of Economic Research* (2020).
36. Michael Sainato, "The Americans Dying Because They Can't Afford Medical Care," *Guardian*, January 7, 2020.
37. Samuel L. Dickman, David U. Himmelstein, and Steffie

Woolhandler, "Inequality and the Health-Care System in the USA," *Lancet* 389, no. 10077 (2017): 1431–1441.
38. K. Robin Yabroff et al., "Prevalence and Correlates of Medical Financial Hardship in the USA," *Journal of General Internal Medicine* 34 (2019): 1494–1502.

## 第9章

1. Hannah Ritchie and Max Roser, "Technology Adoption," Our World in Data, 2017, Data source: Diego A. Comin and Bart Hobijn and others, "Technology Adoption in US Households," *Our World in Data*, 2004, latest data update July 27, 2019.
2. Arielle Pardes, "This Dating App Exposes the Monstrous Bias of Algorithms," *Wired*, May 25, 2019.
3. Office of the Privacy Commissioner of Canada. "WhatsApp's Violation of Privacy Law Partly Resolved after Investigation by Data Protection Authorities," January 28, 2013, news release.
4. Dino Grandoni, "WhatsApp's Biggest Promise May Get Broken with Facebook Deal," *HuffPost*, March 10, 2014.
5. Dave Lee, "Amazon's Next Big Thing May Redefine Big," BBC News, June 15, 2019.
6. Commonwealth of Massachusetts v. Purdue Pharma L.P., et al. First Amended Complaint and Jury Demand, Civil Action No. 1884-cv-01808 (BLS2), January 31, 2019.
7. Milton Friedman, "A Friedman Doctrine—the Social Responsibility of Business Is to Increase Its Profits," *New York Times*, September 13, 1970.
8. Francesco Guerrera, "Welch Condemns Share Price Focus," *Financial Times*, March 12, 2009.
9. Dominic Rushe, "Deepwater Horizon: BP Got 'Punishment It

Deserved' Loretta Lynch Says," *Guardian*, October 5, 2015.

10. Jim Morrison, "Air Pollution Goes Back Way Further Than You Think," *Smithsonian*, January 11, 2016.
11. Simon Caulkin, "Ethics and Profits Do Mix," *Guardian*, April 19, 2003.
12. Daniel H. Pink, *Drive: The Surprising Truth about What Motivates Us* (Edinburgh: Canongate, 2018).
13. James K. Rilling et al., "Opposing BOLD Responses to Reciprocated and Unreciprocated Altruism in Putative Reward Pathways," *NeuroReport* 15, no. 16 (2004): 2539–2243.
14. Daeyeol Lee, "Game Theory and Neural Basis of Social Decision Making," *Nature Neuroscience* 11 (2008): 404–409.
15. Joseph Adamczyk, "Homestead Strike," *Encyclopædia Britannica*, updated March 4, 2020, and Christopher Klein, "Andrew Carnegie Claimed to Support Unions, but Then Destroyed Them in His Steel Empire," History.com, July 29, 2019.
16. Benjamin I. Page, Larry M. Bartels, and Jason S. Wright, "Democracy and the Policy Preferences of Wealthy Americans," *Perspectives on Politics* 11, no. 1 (2013): 51–73.
17. Klaus Schwab, "Davos Manifesto 2020: The Universal Purpose of a Company in the Fourth Industrial Revolution," World Economic Forum, December 2, 2019.
18. Jim Loehr, "4 Rules to Craft a Mission Statement That Shapes Corporate Culture," *Fast Company*, May 8, 2012.
19. Luisa Beltran, "WorldCom Files Largest Bankruptcy Ever," CNN Money, July 22, 2002.
20. Wikipedia, s.v., "Enron Code of Ethics," last modified December 13, 2020, 00:49.
21. Hilary Andersson, "Social Media Apps Are 'Deliberately' Addictive to Users," BBC News, July 4, 2018.

## 第10章

1. Monetary Authority of Singapore and industry contributors, *Principles to Promote Fairness, Ethics, Accountability and Transparency (FEAT) in the Use of Artificial Intelligence and Data Analytics in Singapore's Financial Sector*, updated February 7, 2019.
2. Betsy Beyer et al., eds., *Site Reliability Engineering: How Google Runs Production Systems* (Sebastopol, CA: O'Reilly, 2016).
3. Margaret H. Hamilton, "What the Errors Tell Us," *IEEE Software* 35, no. 5 (September/October 2018): 32–37, 2018.
4. Browder v. Gayle, 142 F. Supp. 707 (M.D. Ala. 1956).

## 致　谢

我首先要感谢你,亲爱的读者,同时你也是具有激进式产品思维的人,感谢你希望改变的愿景。你已经通过阅读本书,投资了自己的愿景。

我深深地感谢乔迪·凯特斯和尼迪·阿加瓦尔——撰写本书的想法源于我们的合作,这是我职业生涯中最难忘的一段经历。当我们共同构想产品疾病和用于愿景、战略、优先级、执行和评估的工具时,我们从一些读者,也是第一批追随者那里得到了帮助。你们给了我们反馈,督促我们完善。如果没有你们,我们不可能创建激进式产品思维!

事实证明,即使有一套成熟的方法论,编辑出版也是极其困难的。我要感谢丹·艾瑞里(Dan Ariely)在我开始写本书的时候给我的建议,我的重大突破是通过一系列建议得来的。从约翰·康威(John Conway)开始,包括杰瑞·塔尔德(Jerry Tarde)、法利·蔡斯(Farley Chase)和利亚·斯皮罗(Leah Spiro)。我很感激他们每一个人,最终让我认识了威尔·威瑟(Will Weisser)。

我永远感谢威尔·威瑟,他坚定地支持我,帮我找到了合适的出版商。威尔认为"激进式产品思维"是一个伟大的想法。同时，他也会在最需要的时候提醒我，它还不完善。

我也感谢世界各地具有激进式产品思维的人，是他们鼓励我完成本书。很多人都热情地发邮件或在社交平台上分享这种方法对他们的帮助。这些故事永远不会过时，我一直很感激你们花时间分享它们。谢谢你们！

非常感谢我的编辑安娜·莱因伯格（Anna Leinberger），她帮助我避免了战略肥胖症。你能读完这本书，读到致谢部分，在很大程度上是因为她。我还要感谢贝尔－特科勒出版社（Berrett-Koehler）的团队承担这个项目。非常感谢能与一家希望让世界变得更美好的出版商合作。

本书最有价值的一个方面是有机会采访一些人。诚挚感谢孟文能抽出周末时间与我分享商业如何能成为一种向善的力量，我被他的深刻见解和思考、谦逊和慷慨所感动。

我想感谢斯瓦蒂·帕拉卡尔花时间与我分享她的故事，让我了解Lijjat非常鼓舞人心的故事。我很感谢玛格丽特·汉密尔顿和克劳德特·科尔文，她们深刻的思想震撼了我的内心。除了我个人的感激之外，整整一代人都永远感激克劳德特·科尔文，因为她在民权运动期间做出的杰出贡献，以及为之做出的牺牲。

最后，我还想感谢我的家人。感谢我的父母，他们给了我最大的礼物：无条件的爱。他们教育我要坚持不懈，让我相信我可以改变世界。感谢我的哥哥，在我的成长过程中他一直对我有很高的期待——让我不想辜负他的期待。

我的孩子，艾莉亚（Arya）和里希（Rishi），他们是我生

## 致　谢

命中的快乐泡泡，他们是我的头号支持者——当我签署出版协议的时候，他们俩整天都在大喊为我感到骄傲。谢谢他们提醒我在追逐下一次胜利之前，细细品尝每次胜利的喜悦。

致我的丈夫丹尼尔·德·弗朗西斯科（Danial De Francesco），感谢他成为我最好的朋友和伙伴。感谢他的理解、支持和爱，让我的每一份热情都变成了痴迷；本书也不例外。我们餐桌上流传着一个笑话，说我是在纵情欢唱的瀑布里游来游去的鲑鱼。他给了我灵感。可以说，因为有他在我身边，这里的景色格外好。